SAMUELE MASPERO

LAUREATO SURVIVOR

Come Brillare Nel Mondo Del Lavoro Attraverso Un Mindset Vincente e Una Visione Imprenditoriale Aperta Per Costruire Oggi La Ricchezza Di Domani

Titolo

"LAUREATO SURVIVOR"

Autore

Samuele Maspero

Editore

Bruno Editore

Sito internet

http://www.brunoeditore.it

Sommario

Prefazione

A cura di Enrico Pisani

Ciao Laureato Survivor, ti voglio portare per un momento nel 2006. Una vita fa, prima del *Covid-19.* Appena prima della crisi dei mutui *subprime*, quando l'economia delle persone era così tanto dopata che la gente viveva, senza rendersi conto, una *non realtà* nella quale c'era lavoro per tutti e le aziende continuavano a crescere senza alcun problema.

Ti porto in quel momento perché è stato il mio anno di laurea, e, nonostante trovare un buon lavoro fosse relativamente facile (e lo sarebbe stato ancora per qualche anno), nonostante vivessi a Barcellona, nonostante avessi migliaia di possibilità, vivevo sommerso da 2 grandissime illusioni:

- Avevo creduto, senza pormi il problema, a quelli che mi hanno venduto la laurea come un *Passepartout* incredibile per il mondo lavorativo
- Pensavo, forte della mia laurea, di entrare nel mondo del

lavoro e in pochi anni arrivare ai vertici e diventare il capo dei mega capi.

Queste due illusioni, nella mia primissima esperienza lavorativa all'interno di un ufficio legale di un grosso gruppo bancario internazionale, si sono schiantate ai 300 all'ora contro il muro della realtà. Trasformando, in pochissimi giorni, le sbornie delle feste di laurea (tieni conto che, nonostante vivessi a Barcellona, sono veneto, e in Veneto le lauree si festeggiano in modo abbastanza etilico...) in una forte delusione che mi ha fatto mettere in dubbio tutto il percorso fatto sino a quel momento.

Più che un *Laureato Survivor*, ero un laureato deluso e incazzato: ho subito pensato al fatto che scegliere giurisprudenza al posto di scienze motorie, che era il percorso che più mi piaceva, forse era stata la scelta sbagliata. Ho iniziato a farmi domande esistenziali del tipo: "*Ma se ho studiato così tanto per lavorare e il mondo del lavoro è questo schifo da sconfitti dalla vita... io non sono fatto per lavorare...*".

Così, in piena crisi esistenziale, costretto a reprimere le mie capacità e le mie ambizioni in un posto *"che molti là fuori pagherebbero per avere"*, mi sono sentito, per la prima volta nella mia vita, una tigre in gabbia. Una sensazione che, con il tempo, ho imparato a gestire e mi ha sempre portato a migliorare. Infatti, come ogni cosa nella vita, hai sempre due scelte:

- Subire la situazione in cui sei, accettarla, fartela andare bene e fondamentalmente farti sconfiggere dal fato
- Non arrenderti, trovare soluzioni per *crackare il sistema* ed essere disposto a rimettere in gioco, tutto per fare quello che gli altri non hanno il coraggio di fare.

"*Noi generalmente cambiamo noi stessi per due ragioni: ispirazione o disperazione*"
Jim Rohn

Ecco, credo che questa sia l'essenza e l'identikit del *Laureato Survivor*: la capacità di sopravvivere, e trovare alternative vincenti, a ogni tipo di situazione che imbriglia le tue prospettive, le tue ambizioni e ti fa vivere la vita omologata che gli altri vogliono che tu viva. Perché ti sto raccontando questa storia?

Beh, perché *Laureato Survivor* è nato proprio da questa mia storia unita a quella di Samuele (che d'ora in avanti chiamerò Sam). Ricordo perfettamente quando ci siamo raccontati le nostre esperienze da laureati: era notte, autostrada A4 semi deserta, stavamo tornando da un corso di formazione sul mondo social e c'era di sottofondo una compilation di lo-fi hip hop strumentale.

Guidavo io e Sam, seduto di fianco a me, mi stava raccontando una storia, la sua, che ricalcava molti passaggi della mia esperienza da laureato. Sam in quel momento era alla ricerca di un posizionamento online che gli permettesse di esprimere quello che sentiva, ma non riuscivamo a trovare il messaggio corretto. Devi sapere che all'inizio *Laureato Survivor* si chiamava *Laureato Deluso*.

Ma poi abbiamo pensato: perché deluso? Perché un laureato deve accettare il fatto di essere deluso? Un laureato deve essere un combattente, deve saper sopravvivere nella giungla, deve sapersi adattare, deve sapersi evolvere, non deve accettare l'omologazione. E così l'idea: *Laureato Survivor.* A entrambi è piaciuta moltissimo, perché descrive esattamente la storia di ogni persona ambiziosa, che a un certo punto si disillude del valore che la sua laurea ha nel mondo lavorativo e non accetta questa situazione, reagendo con tutto quello che ha in corpo. Sono sicuro che Sam è la persona perfetta per poter portare avanti questo movimento, non solo perché ogni cosa che gli vedo fare la fa da dio, ma perché conosco il *Samuele persona* in modo molto profondo, e trovo in lui delle caratteristiche davvero rare.

Oltre che essere un collaboratore, un socio, un amico fraterno, Sam è una persona umile: un valore che so apprezzare moltissimo. La cosa assurda di Sam è che sa divertirsi sfoggiando doti da ballerino (della domenica), ma anche essere un incredibile professionista con una costanza e una dedizione al lavoro rari.

Quando mi ha chiesto di scrivere la prefazione del suo libro, beh… Ero così contento di avere questo onore che non vedevo l'ora di scriverla. Ho appena finito di leggere la prima bozza del libro. Tra me e me pensavo, mentre leggevo, a come un libro del genere avrebbe potuto aiutarmi quando, nel 2006, ero solo con me stesso e con i miei problemi esistenziali da laureato deluso. Se solo avessi avuto una persona come Sam che mi avesse detto:

"*Enrico, tranquillo, so cosa provi, ci sono passato anche io... ecco come ne sono uscito*", avrei risparmiato tanti tentativi andati male, e moltissime indecisioni amletiche sulle scelte da fare.

Sarebbe davvero bello che ogni laureato ambizioso ricevesse questo libro in regalo, nel momento della proclamazione, quasi come una *Guida alla vita lavorativa* post-laurea.
Il mondo di oggi ha bisogno di persone che non solo facciano scelte coraggiose, ma che permettano anche agli altri di farlo. E Sam è una di queste. Non solo in questo ambito, ma praticamente ovunque l'abbia visto operare.

Essere un'ispirazione per gli altri è un grandissimo traguardo di vita, che pochi possono vantare di aver raggiunto e... beh Sam, anche questa volta ci sei riuscito alla grande. Voglio lasciarti immergere nella lettura di questo bellissimo testo con una frase che descrive ogni *Laureato Survivor* di questo mondo:

"*Non soffocare la tua ispirazione e la tua immaginazione, non diventare lo schiavo della tua stessa vita*"
Vincent Van Gogh

Introduzione

10 gennaio 2017, ore 19 30.

Sono appena rientrato in casa dall'università, dopo aver dato un esame. Non ricordo precisamente il titolo. Ricordo però che l'argomento era il capitalismo tecno nichilista e il docente si chiamava Mauro Magatti. E che avevo preso 27. Perfettamente nella media.

Se già mi segui sui social, se fai parte della Community o se hai semplicemente fatto un salto sul mio sito, sai già cos'è successo quel 10 gennaio di tre anni fa. Se non mi conoscevi prima di aver aperto questo libro, ora ti chiederai perché mai, con una media del 27, arrivato esattamente a metà esami, perfettamente in corso, io abbia deciso di fare la rinuncia studi.

Nel terzo capitolo faremo un rapido *throwback* fino ad arrivare al periodo a cavallo tra la fine del liceo e l'inizio dell'università. Adesso faremo un piccolissimo, minuscolo, passo indietro. Di sole 3 ore.

10 gennaio 2017, ore 16 30.

Era l'orario in cui ho dato l'esame, me lo ricordo come se fosse ieri. Dopo aver preso il mio 27 e aver firmato il libretto, è iniziata a salirmi un po' d'ansia e parecchia apprensione. Molto strano per una persona che difficilmente va in affanno.

Cosa posso dirti? Io ero convintissimo, al 100%, della mia scelta e della direzione che volevo prendere. Ero davvero consapevole che la rinuncia studi fosse la cosa giusta da fare in quel momento. E per nulla al mondo avrei cambiato idea. Sapevo che, in quel momento, abbandonare gli studi per rincorrere i miei sogni più ambiziosi era la decisione più saggia. Era una consapevolezza radicata nel profondo, come un'ancora sul fondo del mare.

Ma ora c'era lo step più complicato: dirlo ai miei. Che ovviamente mai se lo sarebbero aspettato. Sono stato molto riservato nel processo (relativamente breve in realtà) che mi ha portato a quella decisione: non volevo farmi influenzare da giudizi esterni. Volevo, come ci piace dire, *decidere con la mia testa*. Nonostante pensare con la propria testa sia impossibile. Ma di questo parleremo nel capitolo 6.

Ok torniamo a noi. Esco dalla Cattolica e mi avvio, a passo spedito (non volevo mica perdere il treno) verso la stazione di Milano Cadorna. Il viaggio di ritorno: interminabile. Sì, anche Trenord ci mette sempre del suo per non farlo assomigliare a una gita a bordo di un jet privato. Ma non era questo il motivo.

Era gennaio e faceva un freddo della Madonna. Ma mi sudavano le mani. E avevo il battito del cuore come se avessi appena giocato 90 minuti da terzino (calcola che l'ultimo anno che ho giocato a calcio, la mia autonomia era di circa 65 minuti). Nella mia testa immaginavo la faccia di mia mamma, di mio papà, di mio fratello. Come l'avrebbero presa e come mi avrebbero guardato?

E poi, a cascata, quella dei nonni, di mia zia Ale, e così via. E, ovviamente, anche quella degli amici più stretti e dei compagni di corso. Uno dei quali, Anto, con cui avevo vissuto anche i primi tre anni in Unimi (e svariate serate tra Milano e Rimini, vale la pena ricordarlo).

Finalmente, il treno arriva a destinazione. Stazione di Carugo-Giussano. Per l'ultima volta. Scendo e inizio ad avviarmi verso casa. All'inizio ti ho detto di essere arrivato a casa 19 30. In realtà sono arrivato alle 19 circa. Ci ho messo mezz'ora prima di alzarmi dal divano e dire a mia mamma: "*Ora vi devo dire una cosa. A te e papà*".

- "*Sui progetti che stai portando avanti?*"

- "*No, non esattamente...*"

Arriva mio papà, che si unisce alla conversazione. Mi tremavano le gambe. Un bel respiro, sguardo alto che fingeva lucidità, prendo fiato e: "*Ho fatto l'esame, è andata bene: 27. Domani mattina vado in segreteria a fare la rinuncia studi*".
Credo che Hiroshima e Nagasaki siano briciole, paragonate alla bomba che è esplosa in quel momento.

Di solito dico solo che è esplosa una bomba atomica. Quello che non dico, ed è una cosa che ammetto pubblicamente adesso per la prima volta, è che quella sera ho pianto. E non poco. Ho pianto un casino. Essere sciolto e a mio agio nel manifestare la mia parte più emotiva è, da sempre, una grande sfida per me. Ho ancora qualche blocco ed è una delle aree su cui sto lavorando per migliorare. Quindi, sono felice di aver ammesso di aver pianto di brutto. Perché è andata veramente così. È stato un cocktail di emozioni: hai presente quando tu sei convinto ed entusiasta per le tue scelte e per quello che fai, ma percepisci che le persone più vicine non ti capiscono? Che non vedono il quadro come lo vedi tu?

A te sembra tutto chiaro, tutto lineare, tutto pazzescamente logico. Dall'altra parte però, vieni visto più fuori luogo di una suora a un rave. Sì, la mia può sembrare una scelta azzardata, lo comprendo. Una decisione poco razionale, un comportamento irrispettoso nei confronti delle aspettative dei miei genitori e dei miei nonni. Nella mia testa invece, era tutto incredibilmente chiaro. Con la spensieratezza e l'ingenuità di un ragazzo di 23 anni. Non che adesso sia molto diversa la situazione.

Fatto sta che ero veramente convinto di voler bruciare le navi. Non hai mai sentito l'espressione *Bruciare le navi*? Ti racconto una storia: è la vecchia storia di un condottiero, che decise di attaccare l'isola del nemico, con la sua flotta. L'obiettivo?

Conquistare una grande fortezza in cima a una grande rocca. Così, scese a terra e iniziò a pianificare le azioni di attacco. Alla fine dei preparativi, mentre rientrava in tenda per riposare, si accorse che i suoi uomini avevano piazzato le navi con la prua puntata verso la strada di ritorno. Con una precisione maniacale. Il motivo? Semplice: per poter tagliare la corda velocemente in caso di sconfitta.

Con una determinazione e un atteggiamento da vera guida, il condottiero ordinò di incendiare le navi. Alcuni lo guardarono stupiti, altri straniti, altri ancora con un'espressione come per dire: "*WTF, ma sei fuori?!?*". In realtà, nella testa del comandante, bruciare le navi aveva un unico, potentissimo significato: eliminare ogni possibilità di fuga. Come se avesse urlato a gran voce: "*O vinciamo, o moriamo su quest'isola!*".

Solo che ha trasmesso il messaggio concretamente: con l'azione, non a chiacchiere. Com'è andata a finire? La storia racconta che vinsero alla grande la battaglia, espugnando la roccaforte e centrando in pieno l'obiettivo. Ed è la stessa cosa che noi possiamo fare con le nostre vite, ogni singolo giorno.

"*Aspetta Samuele, mi stai dicendo di partire su una nave per conquistare un'isola, bruciando tutto prima di attaccare?*". Sarebbe divertente provarci, in realtà... Però, come direbbe Aragorn: "*Non è questo il giorno!*"
Fai massima attenzione a quello che ti sto per dire, è un concetto che potrebbe cambiarti la vita per sempre. Per me è stato così.

Quello che intendo dire è che anche noi, tutti i giorni, possiamo bruciare le nostre navi e decidere che non vogliamo più tornare indietro. In qualunque contesto: l'esempio personale che ti ho portato è in ambito scolastico, ma puoi bruciare le navi anche e soprattutto in ambito lavorativo, di relazioni, di amicizie, di ambienti sociali.

Se stai facendo l'università, non ti sto suggerendo di mollare gli studi, assolutamente. A meno che tu stia vivendo una situazione di disagio. Una situazione, come è successo a me, in cui i tuoi valori e quelli che vuole trasmetterti l'università, sono su due pianeti diversi.
Spesso ci facciamo condizionare da tutti i comfort che ci offre la vita che viviamo tutti i giorni: le abitudini che abbiamo

consolidato, la routine che ripetiamo automaticamente, le persone con cui ormai è normale trascorrere le giornate. E un modo di pensare standardizzato che pensiamo sia quello giusto. Siamo nella nostra *comfort zone*. D'altronde: "*Chi lascia la strada vecchia per quella nuova, sa quel che lascia ma non sa quel che trova*".

Ecco, chi ha pronunciato per la prima volta questa porcheria dovrebbe essere rinchiuso, buttando la chiave. Non perché non sia vera: certo che se inizi qualcosa di nuovo, non sai quello che trovi. Grazie al c… Ah no aspetta, sto scrivendo il libro, non sto parlando nella Community. Ora mi ricompongo. Un bicchiere d'acqua, fresco. Ok eccomi.

Dicevo: certo che è vera questa frase. Ma questa mentalità rischia di precluderti nuove strade, avventure, occasioni, solo per la paura dell'ignoto. Ne vale la pena? Per me, l'unico fallimento è accontentarsi di una vita monotona, omologandosi alla massa, senza rischiare e senza cambiare mai le proprie abitudini e la propria visione del mondo. Senza mai provare ad alzare i propri standard e continuando a rispettare lo *status quo*, senza chiedersi il perché delle cose. Esci dagli schermi. Sperimenta. Sbaglia. Prova. Riprova. Rischia. Non accontentarti. Segui le tue intuizioni. Aiuta le persone a crescere e a raggiungere la versione migliore di loro stessi. Prendi decisioni drastiche. Fottitene del giudizio degli altri. Quando inizi a prendere delle decisioni drastiche, anche tu, come il nostro amico condottiero, bruci le navi. In quel momento, sprigioni il tuo più grande potere, che vive dentro ognuno di noi e aspetta solo di essere risvegliato.

Ok. Stop for a minute.
Ora, di sicuro, hai già iniziato a inquadrare chi è Samuele e quale potrebbe essere il suo modo di vedere le cose. Prima di andare al primo capitolo, mi piacerebbe prendere un minuto per dirti perché ho deciso di scrivere questo libro. Questo libro nasce innanzitutto dalla voglia irrefrenabile di condividere quello che imparo e che faccio mio. Sono convinto che, alla lunga, la condivisione vinca sulla segretezza.

Nel breve periodo, se ti tieni tutto per te e se custodisci avidamente quello che hai imparato, hai probabilmente un vantaggio competitivo. Soprattutto in ambito business. Ma, alla lunga, questo approccio totalmente incentrato sul ricevere senza dare ti si ritorce contro. Ti racconto quello che è stato per me: ho trascorso gli ultimi 4 anni a dare, dare, dare. Dare tantissimo, con gioia, con entusiasmo, con il desiderio di contribuire e di aiutare più persone possibili a realizzarsi e a crescere.

Dare senza pretendere e, soprattutto, senza aspettarmi niente in cambio. **Credo rimarrà per sempre l'investimento col più alto ritorno della mia vita**. Adesso, dopo 4 anni, mi sta tornando tutto indietro, alla stragrande. E anche in maniera sorprendente: quello che hai dato anni prima, spesso ti ritorna indietro non solo più grande, ma anche in modi in cui non ti saresti mai aspettato.

Il capitolo 5 sarà dedicato proprio alla coppia *lungo termine - breve termine*, quindi non aggiungo altro, per il momento. La mia vision è creare un ecosistema di crescita. Per capire il significato di *ecosistema*, partiamo dal concetto di *ecologia*: la scienza che studia il rapporto tra l'uomo e l'ambiente in cui vive.
Un ecosistema di crescita è un luogo (fisico o virtuale) in cui si incontrano persone con la stessa mentalità, con le stesse ambizioni, con lo stesso modo di vedere le cose, con degli

interessi e delle passioni comuni, allo scopo di darsi reciprocamente degli spunti per arricchirsi e avvicinarsi alla versione migliore di sé stessi.

La mia visione è che *La Community dei Laureati Survivors* (questo è il nome del nostro gruppo Facebook, di cui troverai il link per iscriverti alla fine del libro) sarà il più grande movimento di laureati e universitari che hanno voglia di mettersi in gioco per vivere con una prospettiva di vita diversa e avere un impatto positivo su più persone possibili. Con un mindset vincente e da imprenditori.

Con questo libro voglio spronarti, voglio smuoverti, voglio ispirarti. Il mio desiderio ardente è che questo libro sia per te come la *lettera da Hogwarts*. Sì, sono malato di Harry Potter (verso la fine citerò una conversazione tra Harry e Silente). Ti parlerò moltissimo del mindset, di quella mentalità che mi ha permesso di uscire dal mondo del Babbani, per entrare nel modo magico.

Non ho la presunzione di poterti condurre, in 200 pagine, alla

versione migliore di te stesso. Non sono mica Tony Robbins. Ma voglio darti il fuoco che accende la miccia, il fischio d'inizio di una nuova partita, il trampolino di lancio. Esatto, la mia mission è che questo libro sia, per te, un trampolino di lancio per entrare nel mondo magico, che ti farà avere un vantaggio incredibile su chiunque rimanga nel mondo dei Babbani.
Se non fossi appassionato di Harry Potter, *Babbano* è il termine usato dall'autrice, J. K. Rowling, per definire chi non è un mago.

La mission è darti il primo input per aiutarti a capire che tu sei davvero una creatura unica e straordinaria. In dotazione non ti è stato dato né più né meno di quello che hanno ricevuto Steve Jobs, Michael Jordan, Gandhi e tutte le persone che hanno avuto un impatto sul mondo. Scoprirai, al capitolo 4, che non è questione di talento.

Credo nella condivisione e credo fermamente che vivremmo in un mondo migliore se tornassimo a fidarci gli uni degli altri, dando alla sincera stretta di mano accompagnata da un sorriso il valore che si merita.
Inoltre, questo libro non è un manuale. Quando ho iniziato a

scriverlo, la mia idea era di entrare molto nel tecnico, spiegandoti in modo dettagliato tutta l'evoluzione del mondo del lavoro, partendo dalla prima rivoluzione industriale, fino ad arrivare ai giorni nostri. Capendo insieme tutte quelle professioni che cambieranno o moriranno, capendo esattamente quanti posti di lavoro spariranno e quanti ne nasceranno di nuovi.

Poi mi sono reso conto che sarebbe venuto fuori un enorme e noioso malloppo pieno di teoria e tecnicismi. Tipo uno di quelli su cui hai rischiato più volte di addormentarti mentre studiavi per l'esame. Credo che sarai felice di scoprire che ho cambiato rotta. Ho lasciato spazio a questi temi un po' più tecnici solo nel primo capitolo e ho resistito alla tentazione di partire in *spiegoni* smisurati.

Tutti i dettagli tecnici sull'evoluzione li puoi trovare online e in diversi libri, scritti da persone molto più autorevoli di me, più competenti in materia e con qualche anno di esperienza in più. Condividerò con te le fonti, gli autori e i titoli di questi libri, che hanno avuto un bellissimo impatto su di me, aiutandomi a prendere piena consapevolezza di come muoversi al meglio nel

mondo in cui oggi viviamo.
Così, in questo libro, mi sono focalizzato sull'aspetto su cui mi sento più forte, più preparato e su cui credo di poter fare davvero la differenza: la mentalità, il mindset, con cui affrontare tutto questo. Con un approccio esclusivamente pratico e orientato all'azione. All'interno quindi non troverai teoria (ne hai già trovata tanta a scuola e in università, direi che è più che sufficiente) o strampalati tecnicismi.

Sono qui a raccontarti quello che sto vivendo da diversi anni a questa parte e come mi sono costruito, appunto, il mindset per cambiare totalmente la mia prospettiva e il mio futuro. Non ho scritto questo libro per insegnare. Ti racconterò la mia esperienza, dandoti il mio punto di vista su alcuni dati e alcune semplici statistiche che mi hanno aiutato a vedere il quadro completo. E sono certo, al 100%, che possano essere d'aiuto anche a te.

Ok, è tempo di entrare nel vivo. Per concludere questa introduzione ti dico, in 7 punti, quello che troverai in questo libro:

- L'esperienza di un 26enne, che ti racconta gli ultimi 4 anni della propria esperienza, con il desiderio di poter essere d'ispirazione e la consapevolezza di non essere né un guru, né un insegnante. Mi ritengo, semplicemente, una persona molto ambiziosa, che non ha perso la voglia di sognare, con il chiaro obiettivo di avere un impatto positivo su più persone possibili

- Quali sono i principali errori da evitare dopo la laurea
- Come affrontare un mondo del lavoro profondamente diverso da quello in cui sono nati i nostri genitori
- Perché la formazione vera inizia dopo la laurea e il motivo per cui, se pensi di aver finito di studiare una volta finiti gli studi, ti stai auto condannando a una vita di povertà
- Come costruirti una mentalità da imprenditore per distinguerti e brillare nel mondo del lavoro
- Perché è estremamente mediocre e riduttivo vivere facendo un lavoro che ti fa svegliare con l'orticaria il lunedì mattina, aspettando solo il venerdì sera per scatenarti (letteralmente, toglierti le catene)
- Quali sono le *soft skills* che oggi fanno la differenza

Se leggerai queste pagine con la mentalità aperta e la voglia di scoprire un nuovo modo di vedere il mondo (non solo lavorativo), questo libro ti cambierà la vita. Te lo prometto.

E, se arriverai fino alla fine, c'è una sorpresa.
Troverai il regalo che ho pensato per te.

Ma ora è il momento di partire.
Sei pronto? Vai, inizia il nostro viaggio: ci vediamo in cima al capitolo 1.

Capitolo 1:
Come affrontare il cambiamento

Il 65% dei lavori dei Millennials (nati tra il 1995 e il 2010) oggi non esistono (*Repubblica Economia&Finanza*).

Nel 2018, il 35% dei lavoratori era in Partita Iva. Entro il 2030, la percentuale di Partite Iva salirà al 75% (*Business Insider*).

In Italia, 4 laureati su 10 non hanno un lavoro dopo 3 anni dall'ottenimento della laurea (*Eurostat*).

8 persone su 10 odiano il proprio lavoro (*Shift Index Deloitte*).

I posti di lavoro a rischio a causa dell'automazione sono il 47%, nei Paesi più avanzati (*Oxford*).

Negli Stati Uniti, tra il 1990 e 2007, 670mila lavoratori sono stati sostituiti da un robot (*Business Insider*).

Negli ultimi 10 anni, il numero di contratti a tempo indeterminato è calato dell'8,7%: è passato dal 61,4% al 52,7% (*Pop Economy*).

A gennaio del 2019, Alibaba ha inaugurato, a Hangzhou, un hotel gestito interamente da robot (*Business People*).

Dal 2007 al 2018 le vendite dei piccoli negozi sono scese del 14,5%. La grande distribuzione invece, è salita del 6,4%. Dal 2009 al 2019 hanno chiuso più di 200mila piccoli negozi (*Agi*).

Il processore del tuo smartphone ha una frequenza 100mila volte più alta del computer con cui l'uomo andò sulla Luna (*Focus*).

Siamo partiti soft con il primo capitolo, che dici?
Ok, quello che voglio fare per iniziare, è renderti consapevole dei cambiamenti e dell'evoluzione incredibilmente rapida a cui assistiamo oggi nel mondo del lavoro.
Con i numeri. Non a chiacchiere.

La verità è che tantissimi si riempiono la bocca, dicendo che nulla sarà più come prima, che il lavoro è diverso, che il posto fisso è morto (qui mi sento di spezzare una lancia a favore di Checco Zalone, che nel film *Quo Vado* ha ironizzato alla grande sulla tipica ossessione italiana) eccetera eccetera.

Esattamente per questo motivo, ho riservato le prime due pagine del capitolo per condividere con te alcuni dati statistici, citando la fonte (come sono abituato a fare). Piccolo suggerimento: la prossima volta che un tuo amico, un tuo conoscente, un tuo parente, il tuo professore, il tuo collega, tuo cugggggino il tuttologo (perché tutti abbiamo un cugino che è esperto in tutto) se ne esce con dei dati mirabolanti, ricordati di chiedergli la fonte. Capita spesso che non abbia la minima idea di quale sia la fonte. O che, peggio, sia una testata fake tipo *Il Fatto Quotidaino*. Sì, hai letto bene. *Quotidaino*. Esiste davvero.

Ti anticipo che, nei primi 5 capitoli, parleremo degli errori più comuni che si commettono dopo la laurea. O, in generale, quando arriva il momento di sbarcare nel mondo del lavoro. Cinque in totale, uno per capitolo. Ce ne sarebbero molti di più di cinque, ma ho provato a sintetizzarli in cinque macro-categorie. Partiamo già da ora con il primo errore da evitare dopo la laurea: **pensare**

che il mondo del lavoro sia lo stesso dei nostri genitori.

In un articolo sul mio blog, parlavo del classico trenino del: "*Studia e impegnati per prendere il massimo dei voti. Dopo aver postato la foto con la corona d'alloro e l'hashtag #finallygratuated, cerca un posto fisso e sicuro, in cui rimanere per i prossimi 40 anni, lavora 5 giorni la settimana, fai un mutuo per la casa e un finanziamento per la macchina. Poi arriverai alla pensione e sarai libero*". Ai tempi dei nostri genitori (mi riferisco alle persone nate tra gli anni Cinquanta e Settanta), era un plan super applicabile. Senza la foto su Instagram con l'hashtag *#finallygratuated*, chiaramente. Avevi una prospettiva chiara e lineare ed eri *a posto*.

Oggi però ci sono alcuni aspetti che rendono obsoleto e totalmente insicuro questo trenino. Ne ho individuati tre:

1. Il problema della pensione. Lo sai qual è l'unico posto in cui vedremo la pensione? I libri di storia. Purtroppo, il sistema pensionistico (Inps, mia cara) non sta più in piedi: non ci saranno i soldi per poter pagare le pensioni a chi versa i

contributi oggi. Ciò significa che non vedremo un solo euro di pensione? Non lo so con certezza ma se, per sbaglio, riceveremo qualche soldo, sarà quando avremo 80 anni e non sarà minimamente adatto al costo della vita. Secondo un sondaggio dell'AARP (Associazione americana dei pensionati), il 69% degli intervistati dichiara che avrà bisogno di lavorare anche dopo l'età del pensionamento. Due piccoli dettagli: il sondaggio è stato condotto in America (quindi in un'economia leggermente, per così dire, messa meglio rispetto alla nostra). In che anno? Nel 2002. Dunque, in una situazione economica precedente alla crisi del 2008. Pensi che la situazione sia migliorata o peggiorata, a 18 anni di distanza?

2. I cambiamenti (tema centrale di questo capitolo). Ai tempi dei nostri genitori, avevi l'aspettativa di entrare in un'azienda e rimanerci fino alla pensione, con poche variabili e pochi cambiamenti. Il mondo del lavoro in cui entri tu oggi è invece molto più elastico e variabile

3. La trappola della carriera. Oggi scalare le gerarchie in

un'azienda è molto più complicato. Mi sono reso conto di questo aspetto da un aneddoto del mio amico Enrico (sì, l'hai conosciuto all'inizio del libro, è l'autore della prefazione). Dopo la laurea, è stato assunto in una grande multinazionale (davvero una Big Company) e la sua ambizione era, appunto, quella di scalare le gerarchie. Con il sogno di arrivare ai fatidici piani alti. Tuttavia, l'entusiasmo è durato poco. Il primo giorno in ufficio, la scoperta che gli taglia le gambe: la persona gerarchicamente subito sopra di lui, era lì da trent'anni… E qui stiamo parlando della fine degli anni 2000. Ti lascio con una domanda provocatoria simile a quella che ha chiuso il punto 1: a oltre 10 anni di distanza, come credi che possa essere, oggi, la situazione?

Ok, siamo d'accordo: quella che ieri era, per i nostri genitori, un'autostrada sicura e pronta da percorrere, è oggi per noi una strada di montagna non asfaltata, piena di tornanti e buche. Ma c'è una buona notizia: anche una strada di montagna non asfaltata, piena di tornanti e buche, è percorribile. Ti serve semplicemente un'auto con l'assetto giusto, il navigatore e, tu che guidi, devi essere più concentrato per prevenire possibili imprevisti.

Qualcosa è cambiato là fuori. Di nuovo. Di nuovo perché, durante la storia, abbiamo sempre assistito a grandi e piccoli cambiamenti. Prendo due esempi che conosciamo, per dare concretezza: le rivoluzioni industriali e il passaggio dalla Lira all'Euro.

Oggi però c'è una differenza, che fa impressione: la velocità del cambiamento. Non solo sta cambiando, come è sempre successo anche in passato, il mondo del lavoro, **ma sta anche cambiando la velocità con cui cambia. Un doppio cambiamento, che spazzerà via chi non si farà trovare pronto**.
Dici che sono troppo estremo?

Ci sta, lo credevo anche io all'inizio. Dunque, immaginati di tornare indietro nel tempo. Entri nella DeLorean di Doc e attivi il *flusso canalizzatore*. O prendi in prestito la *Giratempo* da Hermione, come preferisci. Per tornare a soli 10 anni fa. Un piccolo salto indietro di un decennio. Immaginati di essere catapultato indietro nel tempo, di cercare il te stesso di 10 anni fa e di corrergli incontro.

In realtà, non si dovrebbe fare: cose terribili accadono a chi si intromette nel tempo, perché si rischia di interrompere il continuum tempo-spazio, distruggendo l'intero universo.
Ma facciamo finta che tu lo faccia comunque. Corri incontro al te stesso 10 anni più giovane e, dopo averlo fatto riprendere dallo svenimento con un bicchiere d'acqua gelata in faccia, con voce squillante ed euforica, dichiari che una delle professioni che nascerà nel 2020 sarà il *Super Comehomer*.
Tecnicamente si dice *Super Host* di *Comehome*, ma così suonava meglio. Non conosci *Comehome*? È una Startup italiana, fighissima, che organizza eventi in casa. Giochi da tavolo, aperitivi a tema, cene in lingua, maratone di film o di serie TV, rigorosamente organizzati in casa.

Tutto viaggia su un'applicazione, su cui puoi sia trovare gli eventi vicini a te, sia organizzare un evento in casa tua. L'ho conosciuta grazie al mio amico Oscar, che un pomeriggio mi ha mandato uno screen di un evento con 20 posti in totale (10 uomini e 10 donne, under 30) per un aperitivo con un tema particolare, a casa di un certo Marco, Milano Navigli.

Se decidi di organizzare il tuo evento, decidi tu il giorno, l'orario, il tema e il contributo spese a partecipante. Dopodiché, lo pubblichi sull'app.
All'inizio può essere solamente un hobby, un modo nuovo e digitale per organizzare una serata alternativa e conoscere nuove persone, fare nuove amicizie. Col tempo, può essere un modo intelligente per arrotondare il mese. Se diventi poi *Super Host*, può diventare una vera e propria fonte di reddito.
Dov'eravamo rimasti? Ah, giusto: dici al te stesso di 10 anni fa che una delle professioni del 2020 sarà il *Super Comehomer*. Ecco le tre reazioni possibili del te stesso di 10 anni fa:

- Ti porta al locale più vicino, per farti fare l'alcool test
- Chiama la polizia per farti arrestare
- Ti fa rinchiudere nel manicomio criminale sull'isola di Shutter

Parliamo di 10 anni fa, non dei tempi della guerra mondiale. Ma una cosa del genere era totalmente inimmaginabile nel 2010. Dai, non scherziamo. Andare dal professore del liceo (no, esempio sbagliato, probabilmente non capirebbe neanche adesso) e dirgli che da grande vuoi fare il *Super Host* di *Comehome*.

Capisci cosa intendo? Quello che vedo io è che oggi c'è un cambio di paradigma. Con *paradigma* intendo proprio il modello di riferimento del lavoro. Si è aperto un nuovo portale.
Tantissimi lavori spariranno, certo. Ed è fisiologico che sia così. La domanda da porsi qui non è se sia giusto o sbagliato. Questo non ti aiuta. È inevitabile, quindi non perdiamo tempo con discussioni inutili. Si stanno aprendo delle nuove finestre pazzesche, di cui il *Super Host* di *Comehome* è solo uno degli esempi più recenti.

Oggi viviamo nel periodo storico migliore in assoluto per fare tutto e abbiamo l'informazione a portata di smartphone. Ogni tanto mi fermo e ci penso. Penso a quanto siamo fucking fortunati ad avere uno strumento come Google, una marea di portali da cui imparare tantissime cose nuove (io leggo spesso *Business Insider*), un'infinità di corsi gratuiti (o comunque a prezzo super abbordabile per chiunque) su cui studiare.

Già per il fatto che hai potuto godere della connessione per scaricare questo eBook (se lo stai leggendo in formato digitale) o hai avuto la possibilità di comprarlo (se lo stai leggendo in formato cartaceo), inizi da una condizione di partenza privilegiata rispetto a tantissime altre persone nel mondo.

Che magari hanno il problema, tutti i giorni, di contare quei 4€ per tirare il giorno dopo. Mentre tu sei in paranoia perché non puoi comprare quella giacca da 470€ che tanto scatenerebbe l'invidia di quella persona, di cui tra l'altro non ti importa nulla. Quindi, prima di tutto, smettiamola di lamentarci e attiviamo un formidabile super potere: la gratitudine. Riprenderemo questo tema più avanti. Nonostante viviamo in un mondo ricco di opportunità, ricco di fonti da cui apprendere, ricco di nuove professioni che aspettano solo di essere prese al volo, una delle frasi che sentiamo più spesso è ancora: "*In Italia non c'è lavoro*".

Quante volte, anche tu, hai sentito ripetere questa frase? Com'è che si dice? Ah, sì: non faceva ridere nemmeno la prima volta. Qualche mese fa, ricordo che ero a cena con i miei. C'era il fastidiosissimo sottofondo di un telegiornale e, prima che chiedessi gentilmente di spegnere la TV, è partito un servizio, che mi ha fatto gelare il sangue nelle vene.

Ho preso un pezzo di carta e ho annotato le parole precise: "*Nell'Italia della crisi, in cui non c'è lavoro, in cui i giovani sono disoccupati e hanno rinunciato a cercare lavoro...*".
A parte che la prima cosa che ho pensato è stata: "*Ma che è, l'intro di un horror?*". Battute a parte, si sente parlare di crisi e dei giovani che non trovano lavoro dopo l'università. Addirittura, c'è chi perde la voglia di cercarlo. Da diversi anni stanno accadendo due cose: il lavoro si sta spostando e sta cambiando aspetto. Non sta scomparendo. Non scomparirà mai. Si sta spostando e sta cambiando aspetto.
Sono ripetitivo, lo so: sono ripetitivo per scelta. La ripetizione facilita l'apprendimento e uno degli obiettivi di questo libro è eliminare la maledetta sega mentale del "*Non c'è lavoro*".

Spero ti piaccia viaggiare, perché sto per farti fare un altro giretto. No, niente macchina del tempo di Emmett o Giratempo di Hermione questa volta. Solo un rapido esempio. Io e te siamo al supermercato e passiamo tra gli scaffali alla ricerca del nostro caffè preferito. Arriviamo al punto esatto dove si trova di solito, allunghiamo la mano, automaticamente, per prenderlo e metterlo nel carrello, ma…

Abbiamo la percezione che il caffè non ci sia più. Caspita, abbiamo allungato la mano esattamente nel punto in cui c'è sempre stato quel caffè. Ci guardiamo intorno e ci aspettiamo che compaia, in qualche modo, davanti ai nostri occhi. Ma non lo vediamo. Non c'è. Siamo sempre stati abituati, da dieci anni, a trovarlo esattamente in quella corsia, esattamente in quel punto, esattamente a quell'altezza. Ci innervosiamo e imprechiamo, dicendoci che non è giusto che sia caffè sia sparito. È nostro diritto poter comprare quel caffè e poter continuare a farlo senza intoppi. Chi si è permesso di toglierci questo sacrosanto diritto?

Se hai già letto *Chi ha spostato il mio formaggio*, troverai delle grandi somiglianze leggendo questa storia del caffè. Se non l'hai ancora letto, ti suggerisco, di cuore, di ordinarne una copia. Qui ho spazio per parlarti di cambiamento solo in questo primo capitolo, *Chi ha spostato il mio formaggio* è invece un libro che parla, a fondo, esclusivamente del tema del cambiamento: dal prologo all'ultima pagina.

Nel frattempo, noi siamo ancora nella corsia dove, di solito, c'era il nostro bellissimo caffè e stiamo continuando, imperterriti, a

sbraitare e lamentarci con non sappiamo neanche noi chi. A quel punto, un dipendente del supermercato, vedendo il nostro comportamento da pazzi scatenati, si avvicina per capire cosa mai stia succedendo.
"*Perfetto, finalmente qualcuno con cui prendercela*" pensiamo in sinergia. E iniziamo a inveire contro il povero dipendente che, dopo aver atteso che finissimo tutto il fiato in gola per lamentarci, si schiarisce la voce per dirci, come voce gentile e ironica: "*Ragazzi, il caffè è stato spostato nella corsia accanto*". Booooooom baby. Abbracciamoci forti e vogliamoci tanto bene, siamo campioni del mondo: non esultavamo così da Berlino 2006, all'ultimo rigore di Fabio Grosso.

In preda all'euforia e cantando "*Po-po-po-po-po-po-po*", andiamo nella corsia a fianco, ed ecco qui: una montagna di caffè di tutte le marche. Quasi ci viene da piangere. Passiamo da una marca all'altra, da un estremo all'altro della corsia e… Il nostro amato caffè non c'è. Torniamo a sbraitare ancora più forte di prima, ma questa volta non aspettiamo che il gentile ragazzo torni a darci una spiegazione.

Ce ne andiamo a passo deciso, giurando di non tornare mai più in quel maledetto supermercato *occulta caffè*. Sai cos'è successo? Il produttore di caffè ha, da poco, cambiato il packaging. Il caffè era precisamente riposto, in quantità industriale, nel bel mezzo della corsia, in bella vista. Ma aveva un aspetto diverso rispetto al quello a cui eravamo abituati. Un aspetto diverso rispetto a quello che ci aspettavamo di trovare. **Il caffè come il lavoro. Non è sparito, si è spostato ed ha un aspetto diverso.** Sì, se cerchi ancora il lavoro pretendendo che abbia le stesse sembianze di alcuni anni fa... allora sì, in Italia non c'è lavoro.

"*L'unica costante del mondo è il cambiamento*", diceva qualcuno.

Bisogna mettere in conto che il cambiamento è inevitabile: possiamo prevederlo, essere attenti a percepire quando qualcosa inizia a girare diversamente. Ma non possiamo evitarlo. Basti pensare che, a livello biologico, ogni due anni il tuo corpo si rinnova quasi totalmente. Il cambiamento è parte della vita. Se non decidi di trovare sempre il lato positivo, guardando il bicchiere mezzo pieno, stai scegliendo deliberatamente di vivere in modo orribile tutti i cambiamenti che arriveranno nella tua vita.

Molto bene, è il momento di imparare esattamente come affrontare qualunque cambiamento che si presenti nella tua vita (non soltanto lavorativa, tra l'altro).

Allenati a piccoli cambiamenti per essere pronto ai grandi cambiamenti: questo è il suggerimento che mi sento di darti. È molto più facile adattarsi ai piccoli cambiamenti che a quelli più grandi. Da anni, faccio volontariamente (e molto spesso) dei piccoli cambiamenti, che mi aiutano a essere pronto per i grandi cambiamenti. Esempio pratico: cambio molto spesso lo sfondo dello smartphone. Sembra una cosa stupida e banale, ma la mentalità con cui lo faccio è: se mi abituo a fare un piccolo cambiamento, sarò più allenato per fare un grande cambiamento.

Franco Trentalance, che ho conosciuto all'inizio del 2020 (persona formidabile, che mi ha sorpreso in positivo) mi raccontava che, ogni tot, decide di scendere dal letto appoggiando per primo il piede sinistro, anziché il destro come d'abitudine. Oppure, se è abituato a infilare la giacca partendo dal braccio destro, un giorno decide di iniziare col sinistro.

Spesso sono proprio le piccole azioni, apparentemente insignificanti, che fanno una grande differenza. È un principio che mi ha davvero aiutato a migliorare.

Un altro dei principi che più mi ha influenzato positivamente, è quello secondo cui non importa quello che ti accade. **L'evento che ti capita non conta nulla. L'unica cosa che conta è come lo interpreti, il significato che gli dai**. E, nel caso di un evento apparentemente negativo, come reagisci. Dico *apparentemente*, perché la realtà oggettiva non esiste: dipende sempre dal significato che tu le dai. Un esempio pratico? Se in Indonesia vai a un funerale vestito di nero, triste e pronto per una cerimonia drammatica, ti prendono per matto.

Per la cultura indonesiana, il funerale è una festa e il clima che si respira è più simile a quello del matrimonio. Pazzesco come un evento così estremo, come la morte, possa essere interpretato in due modi diametralmente opposti. Questo per dirti che, se ci troviamo di fronte a un cambiamento, non possiamo cambiare il cambiamento stesso. Ti chiedo scusa per il gioco di parole.

Possiamo però decidere, di nostra spontanea volontà, come interpretarlo, come reagire e come adattarci nel più breve tempo possibile. Anche perché l'essere umano è per natura adattabile: perché opporre resistenza al cambiamento?

Prendo una frase attribuita a Buddha: *"Il cambiamento non è mai doloroso, solo la resistenza al cambiamento lo è"*. In altre parole, l'atteggiamento tipico *luddista.* Il *luddismo* è un movimento nato in Inghilterra, all'inizio del 1800. Siamo nel bel mezzo della prima rivoluzione industriale, che ha portato due profonde innovazioni: la macchina a vapore e il telaio meccanico.

Quella che vedrai tra poco è un'immagine che riassume in modo semplice e preciso le quattro rivoluzioni industriali della storia. Se vuoi scaricare l'originale, lo trovi su Google Immagini. Il telaio meccanico ha permesso di automatizzare la tessitura e, di conseguenza, ha causato la disoccupazione per gli artigiani tessili, che prima vivevano tessendo a mano. Questi artigiani vedevano i telai meccanici come il simbolo della disoccupazione: come segno di protesta, iniziarono a distruggerli.

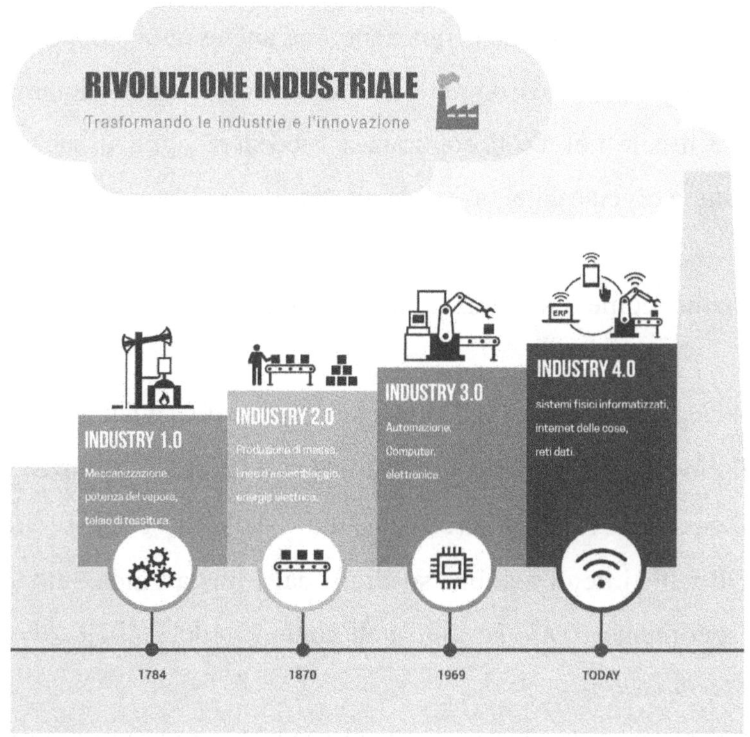

Sembra un atteggiamento folle e irrazionale. Anzi, è un atteggiamento folle e irrazionale. Ma la cosa pazzesca è che lo stesso atteggiamento, di fronte al cambiamento, accade ancora oggi. Tantissime persone non vogliono rendersi conto che il mondo economico in cui vivono è totalmente diverso rispetto a quello di 20 anni fa. **E non esistono colpe, esistono cause**.

C'è una causa (il progresso e l'avanzamento tecnologico) che ha generato un effetto (disoccupazione, ma anche nuove opportunità e nuove professioni). Quello che è successo agli artigiani del settore tessile nel 1800 continua a succedere oggi, o succederà domani, a diverse categorie di lavoratori.

Facciamo, come d'abitudine, alcuni esempi concreti:

- Il casellante sostituito da una cassa automatica e dal Telepass
- Il dipendente bancario sostituito da uno sportello automatico
- Il cassiere del supermercato sostituito dalle casse self-service
- Gli autisti degli autobus sostituiti dai i bus a guida autonoma (sperimentati a Torino nell'autunno del 2019. Fonte: *Startupitalia*)
- Il fattorino potrà essere sostituito da un robot che viaggia su un furgone intelligente o da un drone
- Commercialisti, consulenti finanziari e avvocati "generalisti" potranno essere sostituiti da un algoritmo
- Il Call Center della viabilità in autostrada verrà totalmente sostituito da Google Maps

Ce ne sarebbero molti altri, ma mi fermo qui. Se ti fa piacere approfondire, a cavallo tra fine 2019 e inizio 2020 ho lanciato una rubrica settimanale intitolata *Effetto Darwin*, in cui ho analizzato tutti quei lavori che cambieranno, o verranno sostituiti, da un robot, da un algoritmo o dall'intelligenza artificiale.

Il 4 giugno poi, ho scritto un articolo in cui ho riunito le 16 puntate, così da ritrovarle tutte con un click. Se sei curioso di leggerlo, lo trovi sia nella sezione *Blog* del sito *laureatosurvivor.it* che sul mio profilo LinkedIn. L'articolo si intitola: "*Effetto Darwin: l'elenco definitivo dei lavori a rischio*". Prima di passare al secondo capitolo, ti lascio alcuni dati sulla robotica e sull'*AI* (Artificial Intelligence), fonte: *Business Insider*:

- Il 45% dei compiti svolti oggi da esseri umani sono sostituibili da tecnologie che esistono già
- 64% delle aziende si affiderà all'AI per crescere
- 7 milioni di posti di lavoro andranno persi entro il 2030
- 54 milioni di posti di lavoro, in Europa, oggi sono già automatizzabili
- Negli ultimi 3 anni sono stati investiti 10 miliardi in AI

Sono dati pazzeschi, ma non dobbiamo farci spaventare. In questo libro scoprirai, una volta per tutte, qual è il set mentale giusto per trionfare in questo scenario apparentemente incasinato. Il primo passo è ricordarti che, davanti al cambiamento, hai sempre due alternative. Sta solo a te decidere da che parte stare.

- Da una parte puoi lamentarti, piangerti addosso, fermarti e aspettare che tutto torni come prima (cosa che non accadrà mai), imprecare dicendo che non è giusto
- Dall'altra, invece, puoi prendere atto del cambiamento ed essere consapevole che non puoi influenzare le cose su cui non hai il controllo. Per poi rimboccarti le maniche e passare all'azione, trasformando il cambiamento in opportunità di crescita (sia personale che economica)

Ok, ci siamo. Ora devo confessarti una cosa. Sento un peso dentro e non posso più conviverci: devo dirtelo. Mi sento un po' in imbarazzo, per cui… Ti chiedo di non giudicarmi per questo. Sono serio. Facciamo questo patto, ci stai?
Grande! Ti ringrazio di cuore. Quello che devo dirti è che… Sì, ti ho detto una bugia.

Ti chiedo scusa, ma dovevo addolcire la pillola. **Non sarà un cambiamento.** Quella a cui stiamo assistendo è una rivoluzione. La differenza è semplice: il cambiamento funziona in modo ciclico, come le stagioni. Sappiamo che tra settembre e ottobre il caldo ci saluta, ma tornerà poi intorno al mese di maggio. **Quando c'è una rivoluzione, la situazione non tornerà più come prima.** Ti ho parlato del cambio di paradigma nel mondo del lavoro. È qualcosa che cambierà le regole del gioco: il sistema con cui il reddito è conseguenza delle 40 ore a settimana passate sul posto di lavoro non funzionerà più. Non ci sono più soldi per sostenerlo. In ogni caso, sottolineo di nuovo la mia promessa: portarti a essere consapevole della mentalità adatta ad affrontare questa rivoluzione. Rimani concentrato fino all'ultima pagina, ci sarà da divertirsi.

Prima di accompagnarti al secondo capitolo ci tengo a citare una delle fonti più preziose, che mi ha aiutato a prendere piena consapevolezza di ciò di cui abbiamo parlato in queste prime pagine: Federico Pistono. Parliamo di un imprenditore, ricercatore e Angel Investor, che ha fatto consulenza a Google e a Lufthansa ed è stato *Capo Blockchain* di Hyperlooop Transportation

Technologies.

Ho conosciuto Federico due anni fa, grazie a un video su YouTube, intitolato *Federico Pistono un mondo di Robot.* In 5 minuti ha raccontato con una semplicità disarmante gli scenari evolutivi del mondo del lavoro, il ruolo delle macchine e il punto di rottura che rischia di far collassare il sistema economico. Quest'anno ho letto il suo libro *I robot ti ruberanno il lavoro ma va bene così*, che mi ha dipinto un quadro che non sarei mai riuscito a vedere da solo: libro del 2012, ma che sembra scritto nel 2025. Tra l'altro, non parla solo di robotica e AI, ma anche di temi sociali su cui non possiamo rimanere indifferenti.

Quello che mi ha colpito di più è stato il ragionamento sul rapporto tra lavoro e felicità. Voglio lasciarti con un estratto che parla proprio di questo argomento. Noi ci vediamo al capitolo 2.

"*Avremmo potuto facilmente ridurre la settimana lavorativa. E in genere, invece, lavoriamo più che mai. Lo scopo della tecnologia è farci avere più tempo libero da dedicare a scopi superiori. E invece, i posti di lavoro sono diventati lo scopo. [...] Dopo alcuni anni in fabbrica, sono diventati solamente un altro paio di mani in un mare senza fine di componenti mobili, i loro sogni sono stati distrutti, le loro speranze sono scomparse, le loro aspirazioni sono diventate 'portare a casa abbastanza denaro per il prossimo mese'. L'idea che la più grande aspirazione di una persona debba essere lavorare in maniera meccanica e monotona, così da poter pagare le bollette, è un insulto alla dignità di tutti noi*".

RIEPILOGO DEL CAPITOLO 1:

- SEGRETO n. 1: Ricordati sempre di verificare le fonti, per non rischiare di incappare in fake news o chiacchiere da bar.
- SEGRETO n. 2: Pensare che il mondo del lavoro in cui sei nato sia lo stesso in cui sono nati i tuoi genitori è il primo errore più comune dopo la laurea.
- SEGRETO n. 3: L'unica costante del mondo è il cambiamento: allenati a piccoli cambiamenti per essere pronto ai grandi cambiamenti.
- SEGRETO n. 4: Non importa quello che ti succede. L'evento che ti capita non conta nulla. L'unica cosa che conta è come lo interpreti, il significato che gli dai.
- SEGRETO n. 5: Nel mondo del lavoro è in corso una rivoluzione. Il cambiamento funziona in modo ciclico, come le stagioni. Quando c'è una rivoluzione invece, la situazione non tornerà più come prima.

Capitolo 2:
Come brillare nel mondo del lavoro

Il 6 novembre dell'anno scorso ho pubblicato, sul mio canale YouTube, un video frizzante intitolato *La laurea è questione di scarsità.* Fai molta attenzione alle prossime righe, perché è di fondamentale importanza far tuo questo concetto. Immaginati la situazione A, in cui ci sono 200 bottiglie di una particolarissima qualità di Rum, e la situazione B, in cui c'è solamente una bottiglia di quello stesso Rum.

Il rum vale di più nella situazione A o nella situazione B? La qualità di Rum è identica, ma il suo valore è di gran lunga più grande nella situazione B: la stessa cosa vale molto, molto, molto di più se c'è poca quantità disponibile. Detto in una formula, come piacerebbe a un docente universitario: il valore di qualunque cosa è inversamente proporzionale alla sua disponibilità.

Detto con parole pratiche, come piace a me: più ce n'è, meno vale. Meno ce n'è, più vale. Per la laurea vale lo stesso principio. Un po' di anni fa (prendo come riferimento gli anni Ottanta e Novanta) c'erano pochissimi laureati: in proporzione, erano poche le persone con una laurea in tasca. La laurea quindi, era un elemento differenziante, che ti dava un grande valore aggiunto rispetto ai tuoi *concorrenti* che non erano laureati. Ho usato volutamente la parola *concorrenti*, per un motivo molto preciso: ci arriviamo tra poche righe.

Col passare del tempo però, l'università è diventata più accessibile e sempre più persone hanno iniziato a laurearsi.
Una bottiglia di Rum, tante bottiglie di Rum. Pochi laureati, tanti laureati. Se non ti è chiaro questo concetto, torna su e rileggilo. Se hai ancora qualche dubbio, apri YouTube e cerca *La laurea è questione di scarsità Samuele Maspero*.

Come nel primo capitolo, ti chiedo ancora scusa se sembro ripetitivo, ma è davvero un passaggio chiave che ha significato moltissimo per me. Il mio obiettivo è che tu possa assimilarlo al 100%, prima per avere una visione più chiara del mondo del lavoro, poi per passare all'azione in modo consapevole.
Un altro esempio, ancora più easy: ti trovi in mezzo a una folla, in

cui tutti urlano a squarciagola. È una mossa intelligente metterti a urlare anche tu, sperando di urlare più forte o urlare meglio? Certo che no. Se vuoi farti notare, devi comportanti in modo alternativo. Cito Steve Jobs: "*Non dobbiamo guardare alla concorrenza e dire che faremo le cose meglio. Dobbiamo guardare alla concorrenza e dire che faremo le cose diversamente*".

E in questo hai la prima, grandissima possibilità per iniziare a ragionare da imprenditore: gli altri laureati sono tuoi concorrenti. Teoricamente non lo sarebbero, ma abbiamo visto che della teoria ce ne facciamo ben poco. Da un punto di vista pratico, tu sei McDonald's e gli altri sono Burger King. Tu sei Coca-Cola e gli altri sono Pepsi. O viceversa. Tu sei il ristorante di pesce del tuo paese e gli altri sono un altro ristorante di pesce del tuo paese.

Ragioniamo a livello imprenditoriale. Per realizzare un'azienda di successo, la prima azione che un imprenditore deve compiere è analizzare la concorrenza. L'errore che fa la maggior parte delle persone che apre un'azienda, un'attività, un negozio, uno store è seguire solamente la propria passione e le proprie opinioni.

Attenzione, non voglio creare fraintendimenti sul concetto di *seguire la tua passione*. Credo che trasformare le proprie passioni nel proprio lavoro sia la soddisfazione più bella e più appagante che esista al mondo. Te lo dico con questa enfasi perché è quello che vivo tutti i giorni, ed è pazzesco.

Andare a letto la sera tardi, con il cervello che lavora ancora sull'ultima cosa a cui ti stavi dedicando, per poi sentire la sveglia all'alba del giorno dopo e, senza ritardarla, scattare fuori dal letto pieno di energia, perché non vedi l'ora di ripartire dal punto in cui ti eri fermato. È pazzesco, te lo posso garantire. Ma la passione, da sola, non basta. La maggior parte delle persone apre attività destinate al fallimento, a causa di grossolani errori di valutazione.

Del tipo: "*La mia passione è lo snowboard, secondo me non esiste cosa più bella al mondo della snowboard e, se ci fosse un negozio, vicino casa, di articoli del mondo dello snowboard, mi ci fionderei almeno una volta ogni tre giorni, comprando anche l'accessorio più insignificante, di cui non conosco nemmeno l'utilità*". Poi, guarda caso, apri il negozio e, dopo due anni, hai già chiuso la serranda. Eppure, stavi seguendo la tua passione ed eri convinto che non esistesse cosa più bella dello snowboard... Piccolo appunto, se sei appassionato di snowboard: ho preso questo esempio totalmente a caso. Qualunque categoria e settore andrebbe bene, allo stesso identico modo, per spiegare questo concetto. Non ho nemmeno idea di come mi sia uscito questo esempio, dato che non ho mai preso in mano una tavola da snow.

In ogni caso, aprire un'attività con questa mentalità è come buttarsi, all'ora di punta, in mezzo a corso Buenos Aires a Milano, quando il semaforo pedonale è rosso. Perché ti basi solo su fattori interni: la tua passione e la tua opinione personale. **La passione è fondamentale per iniziare, ma non è l'unico elemento che ti serve**.

Inoltre, le opinioni personali dovresti sempre lasciarle da parte, perché nascondono alla tua vista ciò che davvero conta: il bisogno del mercato. Il tizio di prima, quello dello snowboard, ha aperto il suo negozio pensando: "*Se io sono così innamorato di tutti i prodotti legati al mondo dello snowboard, allora anche tutti gli altri lo saranno*". Ma non funziona così: bisogna capire se ciò che vuoi vendere risponde a un'esigenza del mercato, se rappresenta una vera soluzione a un problema che i potenziali clienti stanno cercando di risolvere. O a un desiderio che stanno cercando di esaudire. O ancora, a un bisogno per il quale stanno cercando una risposta. È esattamente questo il motivo per il quale devi analizzare la concorrenza, prima ancora di iniziare a pensare di avviare un'attività.

È un lavoro lungo, che richiede molto impegno. Tutto quello che, potenzialmente, può essere un'impresa di successo, all'inizio richiede una massiccia dose di sforzo e sacrificio. Non sono qui a fartela facile, come fanno tutti. Devi ricercare, analizzare, studiare. Una volta che hai chiaro il quadro della tua concorrenza, il passo successivo è capire qual è il punto di debolezza.

C'è sempre un pezzo che il concorrente lascia scoperto. Tu devi trovarlo e attaccarlo. È esattamente la stessa strategia che utilizzano gli eserciti (e qui ringrazio l'eterno Al Ries per il paragone incredibilmente efficace): quando l'esercito attacca il fronte nemico, la mossa più intelligente è attaccarlo in un punto specifico, magari quello più debole. Dunque, analizzi la concorrenza, individui il punto debole o scoperto e fai leva su quello per posizionarti contro. Attenzione, con *posizionarti contro*, non intendo iniziare a parlar male del tuo competitor. Sarebbe sia un'incredibile caduta di stile, sia una tattica controproducente. Devi fare come fece Pepsi nella guerra contro Coca-Cola. Pepsi non iniziò a dire di essere più bella o più di qualità di Coca-Cola. O che il personale di Pepsi fosse più cortese e gentile.

Coca-Cola si era posizionata come bevanda gasata per la famiglia, andando a colpire il target dei genitori. Pepsi creò la *Pepsi Generation*: il messaggio era: "*Tu sei giovane, non vuoi la bevanda che bevono i tuoi genitori, scegli Pepsi*". Ha così attratto in modo super efficace due categorie di persone: i giovani e gli adulti con la sindrome di Peter Pan, che volevano sentirsi giovani.

Un altro esempio storico è quello che fece Burger King contro McDonald's, con la campagna "*Broiling not frying*", ovvero "*Grigliato non fritto*". In questo moto evidenziò l'elemento differenziante dei propri hamburger: cotti sulla griglia anziché fritti come quelli di McDonald's. Questo creò una mole di PR mai vista prima intorno al proprio brand.

Devi spiegare al cliente che deve scegliere te come soluzione, anziché tutti i possibili concorrenti. Prendi questa frase e sostituisci la parola *cliente* con *potenziale datore di lavoro (o recruiter)* e la parola *concorrenti* con *altri laureati.* Che cosa esce? Esatto: devi spiegare al potenziale datore di lavoro (o al recruiter) che deve scegliere te come soluzione, anziché tutti i possibili altri laureati.

La maggior parte della gente si concentra sul perfezionare i curriculum, rifare l'impaginazione, cambiare i colori, scrivere meglio le caratteristiche della laurea e tutti i dettagli dei laboratori da 3 crediti che hanno frequentato. Cercano di imparare le tecniche segrete per fare una buona impressione al colloquio. Fanno esattamente le stesse come che fanno tutti gli altri, che devi vedere appunto come tuoi competitor.

Se inizi a ragionare come se tu fossi un'azienda e il tuo cliente fosse il potenziale datore di lavoro (o il recruiter che lo rappresenta), inizi a vedere quella linea sottile che fa la differenza. Altrimenti continuerai a comportarti come il tizio che va in mezzo alla gente che urla e, per farsi notare, cerca di urlare più forte degli altri. Se, per il momento, stai ancora ragionando sul "*trovare un lavoro*", ti voglio dare uno spunto che ti aiuterà moltissimo: il colloquio è una vendita. E quando parlo di vendita, attenzione, non mi riferisco solo alla vendita come professione. **È importante capire che noi, tutti i giorni, vendiamo qualcosa a qualcuno**. E imparare a vendere in modo efficace diventa un valore aggiunto pazzesco per te.

Vendi alla tua ragazza o al tuo ragazzo l'idea di cenare in quel ristorante e non in un altro. Vendi agli amici l'idea di scegliere Ibiza anziché Mykonos. Vendi al professore il fatto che ha senso il modo in cui hai interpretato quella slide. Vendi al tuo capo il fatto che il valore che dai meriterebbe un guadagno più alto. Quando iniziavi a uscire la sera, vendevi ai tuoi genitori il fatto che tornare alle 2 anziché a mezzanotte non fosse un dramma.

Nel colloquio, sei tu che vendi te stesso, che vendi le tue capacità, che vendi il valore aggiunto che puoi dare, la differenza che puoi fare rispetto a tutti gli altri che si sono seduti su quella sedia prima di te (e che si siederanno dopo di te). Fare leva sul fatto che sei ultra laureato, con 30 e lode, alla prestigiosissima università, con uno stage di 6 mesi in una multinazionale, non è un elemento differenziante. È una caratteristica che hanno anche tutti gli altri. La laurea è questione di scarsità, ricordi? Altrimenti non ci spieghiamo come un laureato su tre (prevalentemente under 30, fonte: *Istat*) sia senza lavoro. Questo è il secondo errore più comune: **pensare che la laurea sia un elemento differenziante.**

Pensare che ti sia dovuto qualcosa perché hai la laurea è come guidare sbronzo, contromano, in autostrada: è da pazzi. Quindi evita, durante il colloquio, di fare la domanda "*Quanto mi dai?*". Quello semmai dovrebbe chiederlo a te l'imprenditore (o il recruiter). Non in termini di stipendio chiaramente, ma in termini di valore. Focalizzati sul comunicare quanto valore aggiunto puoi portare in quell'azienda: il contraccambio economico sarà una conseguenza logica, non trovi?

Cito Montemagno, dal sul libro *Lavorability*: "*Di fatto oggi le aziende cercano persone interessanti e competenti, persone che, anche a prescindere dal titolo di studio che possono presentare, siano davvero in grado di dimostrare di avere qualcosa in più, qualcosa che possa fare la differenza. La differenza, a parità di competenza, la fa la capacità di comunicarla all'esterno, rendendo sé stessi interessanti*". Inizio a darti una strategia furba: focalizzati su tutte quelle abilità che non vengono insegnate in università, cerca di acquisirle facendo pratica tutti i giorni (anche in contesti non lavorativi) e *vendi* il fatto che le padroneggi. Credo tu abbia già sentito di parlare di *soft skills* o *competenze orizzontali*. È proprio su queste che dobbiamo focalizzarci.

Nel colloquio, sei tu che vendi le tue soft skills. Parleremo di soft skills in modo approfondito nel capitolo 4, quindi non entro ora nei dettagli. Questa strategia la puoi utilizzare anche online, con i tuoi profili social. In particolare, LinkedIn. Il 90% dei profili che vedo su LinkedIn sono la copia, della copia, della copia, della copia. Tutti fatti con lo stampino, tristemente banali e incravattati.

Sommari identici, della serie: "*Mi sono laureato alla grande università con questo punteggio, ho fatto il master, ho fatto lo stage, il tirocinio. So usare Word ed Excel, ho un orientamento al risultato e ho spirito di squadra*".
Questi sommari sono quasi peggio delle descrizioni delle aziende che, sul proprio sito e sulle proprie pagine social (sempre che le

abbiano), parlano della nascita dell'azienda, partendo dal bisnonno che l'ha fondata durante la guerra, per poi passarla al nonno, che a sua volta l'ha data al papà, che ora sta cercando di insegnare qualcosa al figlio, che è l'erede al trono un po' stonato. Ah, il tutto "*Unendo tradizione e innovazione*". È una delle frasi che non capirò mai. Il tutto finisce poi dicendo che "*Da noi troverai cortesia e accoglienza*" e tu che stai leggendo non hai ancora capito di cosa si occupano.

Scomodo di nuovo Enrico, che in un articolo scriveva: "*In un mondo di mele verdi, diventa la mela rossa*". Sia online che offline, devi essere concentrato nel comunicare tre cose al potenziale datore di lavoro:

- Perché sei diverso dagli tutti gli altri che hanno già fatto un colloquio da lui, o che lo faranno dopo di te
- Il risultato che otterrà se deciderà di sceglierti
- Quali sono le tue competenze orizzontali / soft skills

Trovare il tuo elemento differenziante, che ti faccia brillare, emergere, splendere di luce propria nel mondo del lavoro, sta

diventando la sfida più importante e, soprattutto, un dettaglio che non è più un dettaglio. A rafforzare questo concetto (e, di conseguenza, quello della scarsità), c'è un importantissimo dato: l'Unesco ha stimato che, dal 2006 al 2030, si saranno laureate più persone che in tutta la storia dell'umanità. In soli 25 anni.
Numeri pazzeschi, vero?

Ok, quando parlo di questi numeri e del principio di scarsità, la domanda che sorge molto spesso è: "*Samuele, ma quindi è giusto o non è giusto fare l'università e laurearsi?*". Partiamo col dire che non esiste una risposta universalmente giusta a questa domanda, perché ci sono casi e casi. Ma possiamo rispondere distinguendo tra due diversi tipi di laurea. Parlo di:

1. Laurea specializzata
2. Laurea generalista

Per spiegare cosa intendo con *laurea specializzata*, faccio sempre l'esempio del fisioterapista. Se tu vuoi diventare fisioterapista, all'atto pratico, non hai alternativa: devi iniziare il corso di laurea in fisioterapia e, una volta concluso, ottieni l'abilitazione, senza la quale non potresti esercitare quella professione. È lineare come ragionamento: voglio fare il fisioterapista, studio fisioterapia. Voglio fare il medico, studio medicina. Voglio fare l'ingegnere, studio ingegneria, e così via. In questi casi è chiaramente giusto fare l'università e laurearti. E, guarda caso, secondo il database *VisitInps Scholars*, le lauree in medicina e ingegneria sono tra quelle con il più alto *ROI* (ritorno sull'investimento) una volta sbarcato nel mondo del lavoro. Lauree specializzate.

Dall'altra parte, troviamo la *laurea generalista*, come quella da cui arrivo io: nel mio caso era un corso di comunicazione, nel ramo di scienze politiche. Una facoltà che era un po' di tutto. Il problema è che, se sei un po' di tutto, alla fine non sei niente. La mentalità con cui entri in università non deve tanto essere quella di: "*Imparo un po' di tutto, così poi qualcosina riesco a trovare nel mondo del lavoro*".

Un approccio più coerente è invece vivere l'università come un'esperienza che ti possa arricchire e far crescere come persona, che ti metta in contatto con tante nuove persone, oltre a consentirti di imparare qualcosa di nuovo. Ma lo scopo ultimo (e unico) non dev'essere quello di ottenere un pezzo di carta. La mentalità dello sparare sulla massa ("*Imparo un po' di tutto, così prima o poi, da qualche parte, mi assumeranno*") non funziona più. Se scegli un corso di laurea generalista, attenzione: non affrontarlo con la mentalità industriale del prendere un pezzo di carta per trovare un lavoro. Meglio affrontare il percorso con una mentalità più aperta, avendo come primo scopo quello di crescere e arricchirsi come persona.

La laurea non è uno scopo finale, ma un possibile mezzo. Così come il lavoro. Ora torniamo per un attimo al concetto dell'individuare i competitor. Abbiamo visto che i tuoi competitor nel mondo del lavoro sono gli altri laureati, ok? Bene. In verità non è finita qui. C'è un'altra categoria di concorrenti che potrebbe essere saggio tenere in considerazione: i robot.

Riprendendo il concetto di *posizionarsi contro la concorrenza*, dobbiamo trovare un elemento che ci distingua dai robot. L'idea è di riconoscere, e acquisire, quelle competenze che non possono essere assimilate da un robot, lasciando perdere quelle che verranno invece eseguite da una macchina. A questo scopo, ci viene in aiuto Federico Pistono. Ti riporto le parole che più mi avevano colpito, quando ho visto per la prima volta il video in cui l'ho conosciuto:

"*Alcuni lavori rimarranno e verranno aggiornati, si impareranno nuove skills e verranno integrate nuove tecnologie. Ma ci saranno poche persone che saranno in grado di integrare queste nuove tecnologie e di aggiornare la propria capacità di lavorare. I lavori che richiedono una grande capacità di negoziazione, di convincimento dell'altra persona, in particolare faccia a faccia, sono più sicuri. I prossimi a doversi preoccupare sono avvocati, commercialisti: seguono un codice. Codice della legge, Codice civile, Codice penale: sono codici. L'applicazione di una regola sarà completamente automatizzata, o quasi: 90/95%.* [...] *Il sistema globale dell'economia, basato sul reddito come conseguenza del lavoro effettuato, non funzionerà più*".

Sulla base di questo, ti lascio tre linee guida, riguardo le potenzialità delle macchine, i settori che cambieranno o moriranno e i nuovi lavori dei prossimi due anni. Noi ci vediamo al capitolo 3.

Prima linea guida. Le macchine intelligenti:

- Arriveranno a pensare come gli esseri umani
- Sono in grado di svolgere la maggior parte dei lavori
- Sono sempre più presenti nella quotidianità, anche se non ce ne accorgiamo
- Portano a termine i compiti in modo più efficiente e meno costoso, con un margine di errore tendente allo zero
- Hanno già eliminato milioni di posti di lavoro
- Cambieranno per sempre il paradigma del lavoro

Seconda linea guida. I settori e le professioni che cambieranno radicalmente, o moriranno:

- Ufficio e amministrazione
- Produzione
- Reception
- Hostess
- Avvocati *generalisti*
- Commercialisti
- Bancari

Terza linea guida. I nuovi lavori, già esistenti, che si consolideranno fortemente nei prossimi due anni:

- Il Social Media Manager
- Il Personal Brander
- Il professionista dello smaltimento dati
- Il manager della terza età
- Il nanomedico
- L'esperto in nanotecnologia
- L'esperto in Machine Learning
- Il copywriter
- Il Growth Hacker
- Il consulente aziendale
- Il gamer

RIEPILOGO DEL CAPITOLO 2:

- SEGRETO n. 1: La passione è fondamentale, ma non è l'unico elemento che ti serve. Fai molta attenzione al tuo personale "Secondo me", potrebbe nasconderti la vera esigenza del mercato.
- SEGRETO n. 2: Il colloquio di lavoro è una vendita. Sei tu che vendi te stesso, le tue capacità, il valore aggiunto che puoi dare, le tue *soft skills*. Sei tu che vendi la differenza che puoi fare rispetto a tutti gli altri che si sono seduti su quella sedia prima di te.
- SEGRETO n. 3: Pensare che la laurea sia un elemento differenziante è il secondo errore più comune. Questione di scarsità.
- SEGRETO n. 4: È da folle pensare che qualcuno ti debba qualcosa solo perché hai la laurea.
- SEGRETO n. 5: La laurea non è l'unico e ultimo scopo, ma un possibile mezzo. Non vivere l'università con l'ossessiva ricerca della lode. Vivila come un'esperienza che ti possa arricchire e far crescere come persona, che ti faccia divertire e ti consenta di conoscere persone nuove.

Capitolo 3:
La formazione vera inizia dopo la laurea

Luglio 2011: ho appena finito la maturità e, dopo essermi presentato a vedere gli esiti (un tondissimo 60), in canotta, calzoncini gialli della Longobarda e infradito, e aver salutato cinque anni di liceo sgommando davanti al preside, con *Vamos a la playa* (quella di Loona, non quella dei Righeira) a tutto volume, sulla Yaris grigia di mia mamma, torno a casa e… Mi rendo conto di non avere la minima idea di cosa fare nella vita.

Come dico sempre, ho poi iniziato l'università in maniera *spintanea*. Durante la triennale il dilemma più grande era scegliere tra la serata Erasmus del mercoledì all'Old Fashion e il venerdì ignorante dell'Alcatraz. In sintesi: nessun pensiero per la testa, in piena zona di comfort. Una vita ordinaria da universitario che ha voglia di divertirsi e conoscere tanta gente.

In realtà, c'era già un bel campanello d'allarme: mi rendevo conto del rischio di unirmi alle migliaia di *Laureati Trottola*. È così che mi viene da definire tutti quei neolaureati che hanno un vuoto di prospettiva sul lavoro, che fanno ping-pong tra uno stage non retribuito e un tirocinio che sembra inutile. Parecchi dubbi sul proprio futuro, senza sapere più da che parte sbattere la testa. In quel momento, decido di non pensarci. Avrei poi toccato con mano che il detto "*Tutto quello che non affronti, ritorna*", non è solo un detto.

Arriva settembre 2015, finisco gli esami e, mentre scrivo la tesi, inizio le lezioni della magistrale. Sì, perché nel frattempo, anziché affrontare il mio futuro e tutti i problemi annessi e connessi, ho pensato che potesse essere intelligente posticipare il problema di altri due anni. Piccolo inciso, che racconto sempre perché ci sono legato affettivamente: è stata una figata, in un corso di scienze politiche, scrivere la tesi sull'anime giapponese, analizzando *Death Note* come caso studio.

Un'esperienza divertente e alternativa, vissuta con il simpatico e inimitabile supporto di Federico Boni. Era il relatore che avevo scelto, mettendomi in lista d'attesa con un anno di anticipo. Quante risate ci siamo fatti: più che un docente, è stato come un compagno di corso con un po' di esperienza in più. Ma torniamo a noi, dov'ero rimasto? Ah sì, la magistrale. Proprio a cavallo tra la triennale e la magistrale, qualcosa iniziava a muoversi. Come se fosse arrivato il mitico grillo parlante a sussurrarmi "*Ehi Sam, è ora di darsi una sveglia*". Qualcosa stava iniziando a succedere. Qualcosa che mi avrebbe per sempre cambiato il modo di vedere le cose e di affrontare la vita (non solo scolastica e lavorativa).

È tra settembre e ottobre del 2015 che inizia la mia avventura, che mi ha portato oggi a essere la persona e l'imprenditore che sono. È stata una trasformazione che mai mi sarei immaginato. E non soltanto io. In alcuni, riservatissimi, gruppi WhatsApp, girano collage (molto divertenti) che confrontano il prima e il dopo. In effetti, alcune foto del prima sono estremamente impresentabili, ma è bello riguardarle, perché ripenso al mio percorso di crescita.

Sono sbarcato, prima ancora di finire gli studi, nel mondo del lavoro autonomo, nel mondo degli imprenditori, nel mondo del digitale e delle Partite Iva. Ora, non entro nei dettagli tecnici: quello che ha fatto veramente la differenza, non sono i stati progetti e le attività in sé. Ma ciò che ci orbitava (e ci orbita) attorno.

"*Mmmh Samuele, che cosa intendi di preciso?*". Cerco di spiegarmi meglio: mi sono innamorato di tutti i progetti e di tutte le attività che ho iniziato e che a oggi porto avanti in perfetta sinergia. Dalla primissima attività nel mondo del Network, con cui sono nato lavorativamente, alla seconda nel mondo commerciale, alla terza nel mondo della consulenza.

Quando parlo di ciò che ci orbita attorno, mi riferisco a tantissimi aspetti. Se dovessi citare i tre principali, direi:

- Le persone fantastiche, vive e ricche di entusiasmo che ho avuto l'occasione di conoscere. Persone solari, col sorriso sempre stampato sul volto: non il sorriso falso e istituzionale che troppo spesso si vede in giro, ma un sorriso vero, caldo e contagioso. Persone sempre pronte a darti una mano ed essere di supporto nei momenti più impegnativi, orientate alle soluzioni e non ai problemi, con la costante voglia di migliorarsi e di non sentirsi mai arrivati
- Un ambiente di lavoro super stimolante, che ti sprona a dare il meglio di te e a impegnarti, non solo per un tornaconto economico, ma soprattutto per avere un impatto positivo sulle

persone con cui hai a che fare. Un ambiente che ti stimola a essere in costante apprendimento, per lasciare un segno grazie al quale il mondo si ricorderà di te

- La prospettiva di costruirti la vita che sognavi sin da bambino, migliorandoti tutti i giorni (non solo a livello lavorativo). *Prospettiva* è una parola chiave davvero importante, perché è quello che il sistema scolastico fa spesso fatica a darti. Ma a questo arriveremo tra qualche pagina

Per non parlare degli eventi a cui ho partecipato. Tantissimi, davvero tantissimi. Conclusi sempre con cene infinite, in cui non riuscivi mai a schiodarti dal tavolo prima dell'1 di notte. Nonostante la stanchezza della giornata. Anche se il giorno dopo uscivi di casa alle 6:50 per andare a prendere il treno.

Sì, era il mio caso. Avevo lezione la mattina alle 8:30 (8:45 col quarto d'ora accademico) e avevo il treno alle 7:09. E quel chilometro e mezzo a piedi per arrivare in stazione, lo percorrevo sempre col sorriso, ripensando ai piccolissimi tasselli che, la sera prima, avevo aggiunto al grande puzzle della mia crescita. **Piccolissimi, quasi invisibili se presi singolarmente. Ora però,**

se sommo tutti questi tasselli, esce la persona che sono oggi. Non sono perfetto e ho smesso di essere ossessionato dalla ricerca della perfezione. Non è stato semplice, perché sono un tremendo maniaco del particolare. Ma mi sento una persona profondamente migliore rispetto a quel settembre 2015. Da un lato, sembra passata un'eternità, dall'altro sembra solo l'altro ieri.

Ho fatto sei pagine di premessa, per dirti che **tutto quello che ti darò in questo libro è il frutto del lavoro che ho fatto su me stesso**, sulla mia crescita personale e sulla crescita delle attività lavorative. È il frutto di tanti investimenti di tempo, di soldi e di energie. All'inizio avevo l'abitudine di parlare moltissimo e poi iniziare a fare. Ben presto, ho capito che la strada migliore è agire, agire, agire, testare, provare, sbagliare, ritestare.

Mettendoci la faccia, l'impegno e la voglia di mettersi in gioco. Una volta fatto questo, se ne avrai voglia, allora parlerai. Chi chiacchiera troppo, non sta combinando nulla. Esattamente come quando inizi a correre in gruppo: all'inizio tantissimi parlano. Dopo un chilometro, si rendono conto di non aver abbastanza fiato per correre e chiacchierare allo stesso tempo. Tutto quello che ti racconto l'ho vissuto, sul campo, sulla mia pelle. Per questo sono certo che, in questo libro, troverai cose interessanti. E, in quasi 5 anni, ho visto che il percorso è lungo e impegnativo. Là fuori la maggior parte della gente te la fa facile. Tutti i giorni vedo l'ennesimo webbaro, che se ne esce con l'ennesimo *Metodo per fare i soldi*, o *Fai questa cosa e avrai successo*.

Non credere a chi ti promette scorciatoie. Le scorciatoie nella vita sono esattamente come il doping nello sport. Magari nel breve periodo ti possono anche aiutare. Ma è una bruttissima illusione. C'è gente che è andata in depressione per 'sta roba. **Non ti dirò mai che è facile. Ma ti dico, con il fuoco negli occhi, che ne vale la pena. Ah, quanto ne vale la pena.**

Vorrei che davvero tu visualizzassi me che ti dico "*Non è facile, ma quanto ne vale la pena*". Chiudi per un attimo il libro. Prima fai un orecchio alla pagina (se hai la versione cartacea) o contrassegna questa pagina (se hai il formato eBook). Guarda la mia faccia in copertina e immaginati che la mia bocca si muova, per pronunciare esattamente quella parola: "*Non è facile, ma quanto ne vale la pena*". Se hai avuto la follia di fare davvero questo esercizio, ti ringrazio, my friend. Ricorda che uno che faceva *Jobs* di cognome diceva "*Siate affamati, siate folli*". Non aver paura di essere visto come un folle. Io credo che la vera follia sia rimanere nell'anonimato, uniformandosi alla massa e omologandosi a un tristissimo *status quo*.

Tutto quello che stai leggendo arriva esclusivamente da ciò che ho vissuto in prima persona. Partendo dall'essere un universitario cazzeggiatore qualsiasi, iniziando a farmi strada nel mondo del Network e arrivando al ruolo di coordinatore vendite in una giovane società di Milano e di consulente e manager in una bellissima azienda che crea reti d'impresa in tutta Italia.

Nell'estate del 2019 ho aperto *La Community dei Laureati Survivors* (da *Laureato Survivor*, che ha dato il titolo a questo libro). Il primo movimento in Italia che riunisce tutti quei laureati e universitari che si sono resi conto della rivoluzione in corso nel mondo del lavoro e hanno voglia di mettersi in gioco. Mettersi in gioco per costruirsi un grande futuro e vivere con una prospettiva diversa, imparando a ragionare da imprenditori. Tutto questo ha preso vita nel nostro gruppo Facebook, appunto *La Community dei Laureati Survivors*.

A marzo di quest'anno ho poi avviato un altro nuovo progetto, aprendo il canale YouTube *Aperitivi Digitali* con il mio grande amico (e grande imprenditore) Claudio. Lui, da qualche anno, non è più un neolaureato, ma è un *Survivor* in pieno stile.

Appena dopo il *lockdown* per il *Covid* (a proposito di affrontare in modo positivo gli eventi che sembrano negativi) ho poi aperto una società di consulenza con Luca e Matteo, che sono per me due compagni di business e di vita formidabili. Il primo brand che abbiamo lanciato è *Ristogram* (https://ristogram.net), nato per aiutare ristoranti e locali a *impiattare* il proprio profilo Instagram in modo strategico.

Parlando di numeri, gestisco un portafoglio di oltre 250 aziende clienti, ho coordinato e affiancato più di 50 collaboratori tra la Lombardia, il Veneto, la Toscana, la Liguria e la Sardegna e ho partecipato come relatore ospite a diversi eventi a Milano, Monza, Torino, Ivrea, Verona, Carrara, Lucca e Sestri Levante.

La cosa che più mi riempie di gioia è l'aver conquistato un tipo di lavoro totalmente autonomo, senza nessun rapporto di stretta subordinazione, con la possibilità di mettere la sveglia all'ora che preferisco e di organizzare le giornate con piena libertà di scelta. Non dico questo con presunzione o per vantarmi, ma per darti concretezza.

Là fuori, scusa se te lo ripeto per la cinquantesima volta, è pieno di chiacchieroni che ti parlano di concetti puramente astratti e non ti fanno mai vedere numeri e risultati concreti… Semplicemente perché non li hanno.
Vedrai un approccio che è l'esatto contrario di questi pseudo

consulenti. L'esempio più immediato che mi viene in mente, è quello delle migliaia di persone che si auto definiscono *esperti di marketing*. Punto primo: l'etichetta di esperto non è qualcosa che ti puoi autoassegnare: sono le persone che hanno lavorato con te (e che hanno toccato con mano la tua bravura) che ti possono definire un esperto. Punto secondo: la maggior parte di questi sono persone che hanno seguito un corso e, per questo, pensano di aver capito tutto. E quindi cosa fanno? Rileggono gli appunti, giungono a delle conclusioni azzardate, formulano delle regole che sono tendenzialmente folli e creano, a loro volta, un corso.

Un corso su delle cose che non hanno capito e hanno mal interpretato, perché non hanno un'attività o un progetto su cui applicarle. E pensano di venire da te imprenditore e sconvolgere la tua azienda sulla base di concetti che hanno sentito una volta e non hanno mai applicato sul campo, mai applicato nella vita lavorativa. Non hanno mai passato le notti insonni perché la propria azienda non fatturava.

Fai molta attenzione a questa sottile differenza. Anche perché è quello a volte succede nel mondo della formazione. La prossima

volta che stai per valutare un eventuale formatore, poniti questa domanda: "*Quel formatore ha ottenuto risultati (e non parlo solo di risultati economici) applicando quello che mi sta insegnando... O gli unici risultati della sua vita li ha raggiunti solo vendendo corsi?*". Let's think about. Così, sfatiamo i falsi miti e cascano tanti altarini.
Sulla base di tutto quello che ti ho raccontato, la certezza a cui sono giunto è che la formazione vera inizia dopo la laurea.

Dopo aver lasciato l'università, mi sono reso conto di aver bisogno di iniziare a imparare per davvero. Con un orientamento molto più pratico. Così, sono partito come cliente nel mondo della formazione. E ti parlo di formazione in tantissimi ambiti: ho frequentato corsi e percorsi sul marketing, sul digitale, sulla psicologia, sulla scienza del delegare. Time management, vendita, social network. Ho vissuto esperienze sulla crescita personale, sulla mentalità vincente, sulla leadership, sulla motivazione.

Negli ultimi quattro anni ho investito circa 30mila euro sulla mia crescita e sulla mia formazione. Sottolineo: *investito*, perché sono stati degli investimenti, non delle spese. Il problema è che nessuno ci educa davvero sulla differenza tra spesa e investimento. La spesa è un passivo: una pura e semplice uscita di denaro (ad esempio, quando paghi la bolletta dell'elettricità). L'investimento è un attivo: è sempre un'uscita di denaro, ma con la potenzialità di un ritorno molto più grande (ad esempio, quando paghi duemila euro per un'azione: non la compri a caso, la compri perché prevedi che il suo valore si possa alzare, così da rivenderla a un prezzo più alto). 30mila euro è il prezzo base della nuova Mercedes Classe A. Sì, chiaro, aggiungendo gli optional arrivi a 38/40mila euro, ma è solo per fare un esempio matematico.

Se non avessi investito quei 30mila euro in formazione, quest'anno avrei potuto comprare la Classe A, gonfiando il mio ego per competere nell'eterna gara a chi ce l'ha più lungo. Ma sarebbe stata una spesa. Anche piuttosto inutile in questo momento.

Succede molto spesso, quando parlo delle cifre che investo in formazione, che la gente mi guardi come se fossi matto. Forse è appena capitato anche a te. Vai tranquillo, ci sono abituato e c'ho preso tremendamente gusto. La maggior parte delle persone non guarda il *ROI*. Vede migliaia di euro investiti in formazione e pensa "*Però, sono un sacco di soldi*". Ma anche per frequentare l'università servono diverse migliaia di euro. In alcuni casi, in totale anche più di 30mila euro. Ma qual è a differenza? Molto semplice: migliaia di euro per l'università è, socialmente, una cosa normale. Anzi, spesso è vista quasi come un dovere. Investire invece in corsi (e percorsi) di formazione che non ti danno un titolo accademico, è socialmente strano. La gente si limita a chiedersi: "*Che cosa riceverò alla fine? Mi daranno qualcosa che potrò aggiungere sul curriculum?*". **Inizia a guardare un po' oltre: tu non sei il tuo curriculum.**

Tutti (o quasi) conoscono il rischio d'impresa. Quando apri un'attività in proprio, i soldi che investi si chiamano *capitale di rischio*: nessuno ti dà garanzie, li investi perché credi che possano portarti degli importanti ritorni economici. Nessuno però conosce quello che mi verrebbe da chiamare *rischio di laurea*: devi renderti conto che iscriverti in università è come aprire un'azienda. Tu investi dei soldi perché credi che quell'investimento possa produrti degli alti ritorni.

Attenzione: qui ti parto in termini puramente economici. È un'analisi tecnica in cui, volutamente, decido di non considerare tutti gli aspetti umani, relazioni e di crescita personale. Apri un'attività per avere un guadagno superiore alla media: se ti va male, hai perso migliaia di euro. Inizi l'università per ottenere un titolo che ti porti uno stipendio superiore alla media: se ti va male, hai perso migliaia di euro.

La cosa curiosa è che tanti (vorrei dire tutti, ma purtroppo non è così), quando covano l'idea di aprire un'attività, pensano a quanti soldi perderebbero se andasse male. Pochissimi, quando pensano di iscriversi in università, valutano quanti soldi perderebbero se andasse male. Una sottigliezza interessante su cui riflettere. Tra l'altro, potremmo aprire il tema del non farsi condizionare dalla percezione sociale, ma ne parleremo nel quinto capitolo.

Ho vissuto sulla mia pelle che la formazione è qualcosa che cambia la vita delle persone, perché ha in primis cambiato la mia. Il miglior investimento che puoi fare, da oggi per tutta la vita, è quello su te stesso: sulla tua crescita, sulla tua conoscenza, sulle tue skills, sul tuo mindset.

E così arriviamo al **terzo errore più comune dopo la laurea, il più grosso che io stesso commettevo: pensare che avrei finito di studiare una volta finiti gli studi**. E invece, come ti dicevo, non ho mai studiato e imparato così tanto come da quando ho smesso di studiare. Siamo nell'era dell'informazione. Se cerchi nella tasca dei jeans, nella borsa o nella tasca interna della giacca, troverai uno strumento con cui hai libero accesso a una camionata di informazioni, spesso gratuitamente. Alla portata… a portata di smartphone. Cerca di essere una spugna e assimilare tutte la conoscenza possibile per stare al passo con l'evoluzione.

Oggi non c'è più il "*Finisci di studiare → inizi a lavorare*". La formazione è una costante che ti accompagna per tutta la vita. In verità è sempre stato così. Prima però valeva solo se eri estremamente ambizioso. Prima, se ti accontentavi di una vita nella media, con un lavoro nella media, dei guadagni nella media, delle esperienze nella media, allora sì: potevi tranquillamente spegnere la *Modalità Apprendimento* una volta finiti gli studi. Mi viene la tristezza solo a pensarci, ma era effettivamente così.

Oggi è totalmente diverso: **rimanere aggiornato e avere la**

formazione come abitudine è necessario per sopravvivere. Anche se non sei ambizioso e ti accontenti. Non mi stancherò mai di ripeterlo: è cambiato il paradigma del lavoro. Prima, anche smettendo di apprendere, rimanevi a galla e tiravi. Oggi, così facendo, ti stai auto condannando alla povertà. Povertà non solo in termini economici. Stare sul pezzo e avere l'abitudine di continuare a formarsi è necessario non più solo per eccellere. È necessario per sopravvivere. E chiaramente, per poi realizzare una vita straordinaria: è la *condicio sine qua non*.

Mia nonna Felicita cita sempre quello che le diceva nonna Lina: "*Si impara fino alla bara*". Forse un po' macabra come immagine, ma è verissimo. Ma quindi… Per quale motivo la scuola e l'università non ti rendono consapevole di questo? Per rispondere a questa fondamentale domanda, ti invito a riflettere un attimo su un dettaglio molto importante: in che periodo storico è stato partorito il sistema scolastico?

Il sistema scolastico nasce subito dopo la rivoluzione industriale: in quel momento c'era bisogno di formare degli operai, per riempire i numerosi posti di lavoro nelle fabbriche. L'obiettivo dell'istruzione era insegnare a svolgere compiti manuali, ripetitivi. Compiti per cui non c'era bisogno di un grosso contributo da parte del cervello. Compiti per cui non c'era bisogno di sviluppare lo spirito critico, l'empatia, la proattività o la capacità di risolvere problemi e di lavorare in squadra. Il grosso, pazzesco problema è che il sistema educativo è rimasto lo stesso. Sì, ci mancherebbe, per certi versi è stato un minimo aggiornato. Ma se i cambiamenti che sono accaduti nel mondo stanno a 10, gli aggiornamenti del sistema scolastico stanno a 1. Forse 1,5. Ma, di sicuro, non 10.

Esempio scemissimo, ma che rende l'idea: ti è mai stato utile, nel mondo *reale*, il famigerato Rosso Porpora dei Fenici? O le innumerevoli proprietà della barbabietola da zucchero? O la mezzaluna fertile?
Attenzione, non sto dicendo che la cultura sia inutile. Avere una cultura generale, studiare la storia, è necessario ed è importante. Ma non è la sola cosa che conta.

Facci caso: gli insegnanti di oggi sono stati formati dagli insegnati di ieri. E, a loro volta, gli insegnanti di ieri sono stati formati dagli insegnanti dell'altro ieri. Ma ti faccio un esempio pratico, se ancora non fossi riuscito a trasmetterti la grandezza di questo problema: sullo smartphone o sul pc ti arriva ogni tanto l'avviso dell'aggiornamento del sistema operativo, giusto? O, ancora più spesso, ti arriva la notifica sullo smartphone che recita: "*6 applicazioni hanno bisogno di essere aggiornate*". Tu chiaramente, senza esitare, dai il via agli aggiornamenti, corretto? Perché gli aggiornamenti (la dico col linguaggio della crescita personale) consentono al tuo dispositivo di raggiungere la versione migliore di se stesso.

Credo che tu abbia già capito dove voglio arrivare. Se tu fai passare dei mesi senza aggiornare le app e il software, le prestazioni del tuo device saranno sicuramente più scarse rispetto a un device costantemente aggiornato. E qui parliamo di mesi. **Il sistema scolastico è un software che non viene aggiornato da anni.**

Un esempio molto specifico: le lezioni da 55 minuti andavano bene negli anni '70, quando la soglia di attenzione era di circa 50 minuti. Oggi la soglia dell'attenzione è scesa sotto i 5 minuti, ma non è cambiato nulla.

Ora ti farò vedere alcune immagini, fai molta attenzione.

Questa è la foto di un telefono di 100 anni fa:

Questo è invece un telefono di oggi:

Molto diversi, vero?

Altra immagine: questa è una macchina di 100 anni fa:

Quest'altra invece, è un'automobile di oggi:

Due pianeti diversi, non è così?

Ultime immagini: questa è la classe di una scuola di 100 anni fa:

E questa è la classe di una scuola di oggi:

Hai sentito un brivido lungo la schiena, non è così? In un secolo non è cambiato nulla. Prepariamo i ragazzi per il futuro o per il passato? Come direbbe Javier Bardem, in *Non è un paese per vecchi*: pensaci bene, amico.

C'è un Paese, la Finlandia, che anni fa ha iniziato a rivoluzionare il sistema scolastico: giornate più corte, zero compiti a casa e focus totale sul creare la cultura della collaborazione, e non della competizione aggressiva tra gli alunni. È un caso che il sistema scolastico finlandese sia il migliore al mondo? In questo modo, la Finlandia ha iniziato ad affrontare il più grande problema della scuola: la standardizzazione. Facci caso: a scuola è tutto standardizzato.

Quando vai a scuola, ti mettono in fila, ti dicono di stare zitto e buono, di alzare la mano se vuoi parlare. Ti installano nella mente il file del *Dover chiedere il permesso*: ti ricordi quando avevi bisogno di andare in bagno? Dovevi alzare la mano e chiedere il permesso, e non era detto che ti venisse accordato. Eri in costante competizione con i tuoi compagni e sentivi che il tuo valore dipendeva dal voto che prendevi in quella verifica. La cosa più brutta: alcuni studenti diventano così schiavi del voto, che fanno i muri con quaderni e raccoglitori, per evitare che i compagni copino.
Tutte le menti sono diverse, ma il metro di giudizio è lo stesso. Guarda la prossima immagine:

Einstein diceva: "*Ognuno è un genio, ma se giudichi un pesce dalla sua capacità di arrampicarsi un albero, vivrà tutta la sua vita pensando di essere uno stupido*".

Ah, infine, le giornate a scuola erano di otto ore al giorno, con un'ora di pausa pranzo a metà giornata, dal lunedì al venerdì. Ti ricorda qualcosa? Esatto: quando vai al lavoro è la stessa solfa. Poi ci chiediamo perché in Italia è così difficile portare la cultura dello smart working. Dunque, se il sistema è totalmente standardizzato, produrrà menti standardizzate, rigide e poco orientate al cambiamento e all'evoluzione. E soprattutto, con una mancanza totale di spirito critico.

Cito Wikipedia: "*Lo spirito critico, dal greco κριτικός (che discerne), è un atteggiamento riflessivo proprio di chi non accetta nessuna affermazione senza interrogarsi sulla sua validità e che considera una proposizione come vera solo quando è stata verificata, dove possibile, o quantomeno attentamente considerata*".

Di una cosa, purtroppo, siamo certi: il progresso tecnologico è Usain Bolt, mentre il sistema scolastico è un bradipo. Una lumaca, se vogliamo essere più gentili. A meno di un cambio di rotta pazzesco e immediato (cosa totalmente improbabile), il sistema scolastico non sarà mai abbastanza rapido nell'adattarsi. È anche per questo che non è in grado di trasmetterti appieno l'importanza della formazione costante dopo gli studi.

RIEPILOGO DEL CAPITOLO 3:

- SEGRETO n. 1: Il percorso è lungo e impegnativo. Là fuori la maggior parte della gente te la fa facile: non credere a chi ti promette scorciatoie. Le scorciatoie nella vita sono esattamente come il doping nello sport: è una bruttissima illusione. Non ti dirò mai che è facile. Ma ti dirò sempre che ne vale la pena.
- SEGRETO n. 2: Il miglior investimento che puoi fare è quello su te stesso, da oggi per tutta la vita.
- SEGRETO n. 3: Pensare di aver finito di studiare una volta terminati gli studi è il terzo errore più comune.
- SEGRETO n. 4: Oggi hai tantissime informazioni, spesso gratuite, a portata di smartphone. Cerca di essere una spugna e di mettere mano su tutta la conoscenza possibile, per stare al passo con l'evoluzione e non rimanere indietro.
- SEGRETO n. 5: Il sistema scolastico è stato partorito subito dopo la rivoluzione industriale, per formare operai pronti per la fabbrica. E, da allora, non è più stato aggiornato.

Capitolo 4:
Essere di successo VS avere successo

Spesso pensiamo che avere successo sia questione di talento. In questa convinzione c'è già un primo errore. Se vuoi prendere la tua vita e farne un capolavoro, non è sull'avere successo che devi concentrarti, ma sull'essere di successo.
Possono sembrare la stessa cosa, vero? Fare successo, essere di successo. Ti do un indizio: pensa alla parola *successo* non come sostantivo, ma come verbo. Il participio del verbo *succedere*.

Ci sono tantissimi modi per avere successo: ti sembrerà strano, ma anche vincere alla lotteria o al gratta e vinci sono degli esempi di avere successo. Parliamo un attimo di questo tema: nel 2018, in Italia, sono stati spesi 19 miliardi di euro in giochi e scommesse (fonte: *Sole24Ore*), contando solo le scommesse legali.

Secondo la metanalisi pubblicata l'anno scorso da Jordan J. Ballor, l'87% di quelli che vincono, entro due anni tornano alla situazione di prima. Anzi, peggio della situazione di prima.

Perché hanno alzato vertiginosamente il proprio stile di vita e ora si ritrovano con dei costi fissi altissimi, senza più liquidità e flusso di cassa. Un altro esempio molto simile è quello degli sportivi. La fonte è ancora il *Sole24Ore*: il 40% dei calciatori, in Europa, rischia di finire sul lastrico entro 5 anni dal ritiro. Il 78% dei campioni di football americano, addirittura entro due anni.

Ma perché? Com'è possibile bruciare milioni di euro e ritrovarti in bancarotta, in così poco tempo? La risposta sta proprio nella differenza tra essere di successo e avere successo.
Essere di successo significa creare e riconoscere il processo per arrivare dove sei arrivato. Non è un evento: è un processo che hai messo in atto facendo tutta una serie di azioni e di sacrifici, prendendo decisioni e passando attraverso periodi di difficoltà.

Quando alla fine sei arrivato al successo, sei diventato una persona di successo. Conosci, per filo e per segno, la strada per arrivarci e sei in grado di ripeterla più volte. È questo il motivo per cui gli imprenditori che ottengono risultati sopra la media con un'attività, quando ne aprono un'altra è molto probabile facciano altrettanto successo. Replicano quello che hanno già applicato e che ha funzionato. Anche in settori completamente diversi: non è una questione di settore, è una questione di procedure. Di conoscere perfettamente gli step e le fasi da attraversare. **Essere di successo è un processo, avere successo è un evento. Avere successo senza essere di successo è una delle disgrazie più terribili che ti possa accadere**.

All'inizio ti senti invincibile, ti sembra di avere il tocco di Re Mida, ma è un fuoco di paglia. Hai costruito senza gettare le fondamenta. Guardiamo la storia: il primo in Italia che ha fatto 13 al Totocalcio ha vinto un miliardo e 300 milioni di lire. Erano gli anni Settanta, una cifra allucinante. Pochi anni dopo si è suicidato buttandosi sotto un treno.

Ok, ora che abbiamo compreso questa fondamentale differenza, possiamo aprire il tema del talento. Dopo aver capito che la laurea non è più un elemento differenziante, nello scorso capitolo abbiamo visto che la formazione vera inizia dopo gli studi e che, per brillare nel mondo del lavoro, ti servono delle abilità che non acquisisci durante gli studi. Ed è qui che entriamo nel mondo delle *soft skills*, le competenze orizzontali.

Per capire cosa sono, partiremo dall'altra faccia della medaglia: le *hard skills*. Ovvero tutte quelle abilità tecniche che ti portano a svolgere correttamente il tuo lavoro o il compito assegnato. Sono competenze verticali, specifiche di un particolare ambito, di una particolare professione. Se sei un barman, la tua hard skill è saper fare i cocktail. Se sei un taxista, è saper guidare. Se sei un cuoco, saper cucinare. Se sei un informatico, saper programmare. Se sei un meccanico, saper riparare un'automobile. E così via.

Tanti di noi credono ancora che il mondo del lavoro richieda solo queste abilità tecniche. Tanti credono che i risultati sul lavoro dipendano esclusivamente dall'essere tecnicamente bravo nella professione. Oggi le hard skills sono una componente necessaria, ma non sempre sufficiente. Riprendo il primo esempio che ho fatto poco fa: se vuoi diventare un bravo barman, oggi è basilare che tu sappia fare un drink. Viene dato per scontato. Ti servono altre caratteristiche per distinguerti in mezzo agli altri barman.

Qui torna il tema dell'elemento differenziante. Oggi è aumentata la competizione e il livello si è alzato: essere tecnicamente capace nel tuo lavoro, è la base. **Non ti distingui più con le hard skills,**

soprattutto se sei giovane nel mondo del lavoro. È per questo motivo che, nel capitolo due, ti dicevo di focalizzarti sul vendere le tue soft skills, durante un eventuale colloquio.
"*Ok Samuele, mi fai qualche esempio di soft skills?*". Certo che sì, volentieri: flessibilità, gestione delle persone, capacità di lavorare in squadra, resistenza allo stress, proattività, gestione del tempo, organizzazione delle task, problem solving, intelligenza emotiva, pianificazione, apprendimento veloce.

A differenza delle hard skills, sono tutte abilità orizzontali: non si riferiscono a un settore o a un ambito specifico, ma sono utili e applicabili sempre. E sono una risorsa preziosissima anche extra lavoro. Orizzontalmente, non so se rendo l'idea. Prendendo altri due esempi a caso: la capacità di trapanare bene i denti è una hard skill che ti serve nel mondo odontoiatrico, ma è totalmente inutile nel mondo edile. L'intelligenza emotiva è una soft skill che ti torna utile sia se trapani denti, sia se costruisci case.

Per la mia esperienza, credo che le tre soft skills più importanti da sviluppare siano:

- La flessibilità. E quindi la capacità di adattarsi rapidamente al cambiamento (nel primo capitolo ne abbiamo parlato molto)
- La proattività. Ovvero lo spirito d'iniziativa, l'intraprendenza. Il sapere agire d'anticipo. Il prendere decisioni innovative e dirompenti, senza farsi troppe paranoie sul giudizio altrui. D'altronde, le persone che hanno cambiato il mondo, non si sono preoccupate di chiedere il permesso
- La capacità di coordinarsi e di lavorare in squadra. Oggi, più che mai, qualunque impresa di successo non puoi realizzarla da solo. Saper lavorare di squadra, sia da un punto di vista di procedure che da un punto di vista di empatia è una competenza estremamente preziosa, qualunque cosa tu voglia raggiungere nella tua vita.

Le soft skills sono, in parte, legate alla personalità e al carattere di ognuno di noi. Ad esempio, alcuni sono molto portati per il lavoro di squadra, altri sono più a proprio agio lavorando da soli. Ad alcuni viene più naturale organizzarsi l'agenda in modo preciso e puntiglioso, altri non sono altrettanto *svizzeri* sotto questo punto di vista.

Ma la buona notizia è che puoi sviluppare tutte le soft skills che vuoi. Il talento non c'entra nulla. **Il quarto errore più comune dopo la laurea è pensare che sia questione di talento.** Non è una questione genetica, è una questione di ambizione (quanto mi piace questa parola). Ti porto il mio esempio: non sono mai stato una cima nella pianificazione. Ancora oggi, è una delle soft skills che padroneggio di meno.

Ma, da quando mi sono reso conto di questa cosa e ho deciso di migliorare sotto questo punto di vista, ho fatto dei bellissimi passi in avanti. Ho riconosciuto la mia lacuna e ho iniziato a rimboccarmi le maniche per diventare bravo anche nella pianificazione. Non sono ancora un drago, ma noto con piacere i progressi che ho fatto. Sei ancora convinto che il tuo successo nel mondo del lavoro sia questione di talento? Che dipenda solo ed esclusivamente dalle caratteristiche con cui nasci?

Ok, andiamo anche oltre le soft skills. Ti faccio un elenco di alcune cose per cui non serve talento:

- Essere ambizioso
- Scegliere un libro formativo anziché una serie TV

- Credere in quello che fai
- Essere disposto a fare sacrifici e pagare il prezzo
- Smettere di lamentarti
- Essere disposto a perdere qualcosa nel breve termine per costruire qualcosa di grande nel lungo
- Imparare dagli errori e rialzarti tutte le volte che cadi
- Sorridere
- Non scendere a compromessi
- Smettere di dare la colpa agli altri
- Applicare la tecnica del *Power Block* per concentrarti (nel capitolo 6 ti racconto di cosa di tratta)
- Contribuire alla crescita di più persone possibili
- Lavorare con passione
- Evitare cibi che ti fanno calare la concentrazione
- Stabilire le tue priorità
- Essere grato per tutte le piccole cose che hai
- Sviluppare delle abitudini potenzianti
- Non dire "*Non me lo posso permettere...*", ma chiederti "*Come posso fare per potermelo permettere?*"
- Dare a tutti gli eventi che ti capitano un'interpretazione

positiva

- Focalizzarti solo sulle cose su cui sei in controllo
- Avere sempre voglia di imparare
- Stabilire i tuoi valori e l'ordine di importanza di essi
- Non sentirti mai arrivato
- Eliminare gli Energy Suckers
- Focalizzarti sulle soluzioni e non sul problema
- Essere puntuale
- Essere sempre disponibile a imparare cose nuove
- Fare più di quanto ci sia aspetta da te
- Essere educato e rapportarti con le persone con entusiasmo

Se fino a due pagine fa eri convinto che fosse una questione di talento, ora credo di essere riuscito a farti capire che **l'eccellenza è più una questione di scelta**. Questa scelta parte però dal tuo modo di ragionare. Per questo motivo, un passo importante è smettere di pensare che, in fondo, non sei nessuno per diventare qualcuno.

Ma perché mai? Sei un essere unico e straordinario, com'è che ti hanno convinto di valere 1200 euro al mese? Questa convinzione limitante deriva da alcuni condizionamenti che abbiamo subito. E che ci hanno portati, ad esempio, a guardare le persone di estremo successo e pensare che loro, in fondo, hanno qualcosa di speciale. Vedi l'imprenditore sulla cresta dell'onda, l'attore di fama mondiale, il leader che ha cambiato il mondo e quasi non ti sembrano degli esseri umani. Loro in fondo sono dei supereroi. Hanno qualcosa in più.

Negli ultimi anni ho avuto l'occasione di stare a stretto contatto con persone di successo. Di successo per davvero. Imprenditori, sportivi, startuppers, personaggi dello spettacolo, formatori. Con alcuni ho lavorato direttamente e ho potuto assorbire, come una spugna, tutto quello che potevano insegnarmi. Mi sono focalizzato soprattutto sul riconoscere i tratti comuni e i fattori decisivi che li hanno portati a tagliare quei traguardi.

Piccola parentesi: il tratto comune, che ho trovato in tutte le persone di successo che ho conosciuto, è una velocità superiore alla media nel prendere decisioni. Da qui, il mio detto: "*Una persona di successo la riconosci al ristorante, da quanto tempo ci mette a scegliere dal menu*". Anche questo ha contribuito a farmi render conto di una cosa: **le persone di successo sono persone normali, che hanno avuto costanza e perseveranza sopra la media**. Hanno raggiunto risultati straordinari perché hanno fatto delle piccole cose, fatte bene, tutti i giorni, per un lungo periodo di tempo, senza demordere se all'inizio i risultati non arrivavano. Se ai nostri occhi sono dei supereroi è solo perché li vediamo alla fine del percorso. O a un buon punto. Molti lo chiamano *Iceberg del successo*. A me piace chiamarlo *Backstage del successo*.

Ne ho parlato nella Community il 10 febbraio, in un video: passavo davanti a un edificio che, fino a qualche giorno prima, era coperto da teli, con gli operai al lavoro. Quel giorno, per la prima volta, ho visto l'edificio senza teli, quasi ultimato. Quando l'ho visto mi sono detto: "*Però, fino a ieri non c'era nulla, oggi è spuntato un nuovo edificio*". In verità, in mezzo c'è stato il lavoro degli operai e, ancora prima, la progettazione: ma non era sotto gli occhi di tutti.

Questa è un po' la percezione che spesso ha la gente, quando vede una persona di successo. Ti sembra che una persona sia arrivata da zero a cento in un attimo: ti sembra che, dal nulla, sia arrivata a risultati straordinari. Questo è il concetto dell'iceberg del successo. L'iceberg (sì, quello del Titanic) è un enorme blocco di ghiaccio, di cui tu vedi solo una piccola parte: quello che spunta fuori dal mare, in verità, è solo il 10% di tutto l'iceberg. La maggior parte è sott'acqua e tu non lo vedi. Lo stesso principio vale quando vedi una persona di successo: tu vedi solo il risultato finale, l'anello finale della catena, l'ultimo pezzo del percorso.

Non vedi quel 90% fatto di impegni, perseveranza, autodisciplina, sforzi, duro lavoro, sacrifici, persistenza, costanza, rischi, notti insonni, fallimenti, tentativi non andati a buon fine, dedizione, stress, ansia, dubbi, giudizi negativi.

Vedi il record del mondo di Bolt nei 100 metri piani (la punta dell'iceberg), ma non vedi i 15 anni di allenamento per arrivare a quel record (il 90% dell'iceberg). Uso un esempio sportivo perché tutti conosciamo Usain Bolt, ma questo è un principio che vale per tutto e per tutti, in qualsiasi ambito. Vediamo solo la parte finale del percorso, vediamo solo la punta dell'iceberg, vediamo solo l'edificio ormai concluso. Ma non vediamo tutto il processo. Processo è la parola chiave del successo.

Tra l'altro, mi sono reso conto che tutti noi abbiamo una definizione diversa di che cosa significhi davvero essere di successo. Molte persone, di sicuro, hanno un'idea di successo molto simile. Altre, diametralmente opposta. Un paio d'anni fa mi sono detto: "*Sam, tu vuoi essere una persona di successo. Ma se non definisci esattamente cosa significa per te essere una persona di successo, sarà molto difficile diventarlo*".

Così, ho creato una nuova nota sul telefono, col titolo *Definizione di successo*. E ho iniziato, di getto, a scrivere che cosa davvero significa, per me, essere di successo. In pochissimi minuti ho tirato fuori 8 caratteristiche, che conservo ancora e che riguardo ogni tanto. Le rileggo per capire se sono ancora d'accordo con quei punti che ho scritto due anni fa. A oggi, non mi sono sentito di fare modifiche. Ma sono certo che, crescendo e facendo nuove esperienze, troverò dei punti da aggiungere, da togliere o da ritoccare.

Prima di salutarti e darti appuntamento al capitolo 5, vorrei lanciarti una sfida. Ehy, sei una persona che davanti alle sfide ha paura, o le accetti con il giusto spirito competitivo?
Grande, allora sei uno dei nostri. La sfida che ti lancio è fare la stessa cosa che ho fatto io due anni fa. Nella prossima pagina troverai alcune righe. Prenditi 3 minuti (perché è questo il tempo

necessario) per scrivere la tua definizione di successo.

È un esercizio molto soggettivo, per il quale ovviamente non esistono risposte giuste o sbagliate. Ti do un suggerimento: non essere razionale. Questo è un esercizio di pancia, di braccio, non devi farlo con la testa, ma col cuore.
Scrivi ciò che di istinto ti viene da scrivere. Se passi dalla mente, c'è il guardiano che potrebbe intromettersi, sussurrandoti che quello che hai scritto è troppo ambizioso e che non ce la farai mai. Che si faccia gli affari suoi il guardiano, per una buona volta. Chiudi gli occhi e immagina di essere già la persona di successo che ti piacerebbe essere, di aver già raggiunto gli obiettivi che vuoi raggiungere, di aver già realizzato quei desideri ardenti che ti porti con te e quei sogni che hai nel cassetto fin da bambino. Immaginati tutto questo, poi riapri gli occhi e inizia a scrivere. Di cuore. Noi ci vediamo in cima al capitolo 5.

La mia personale definizione di successo:

- ____
  ____

- ______________________________
- ______________________________
- ______________________________
- ______________________________
- ______________________________
- ______________________________
- ______________________________

- ____
  ____
- ____
  ____
- ____
  ____

RIEPILOGO DEL CAPITOLO 4:

- SEGRETO n. 1: Essere di successo è un processo, avere successo è un evento. Avere successo senza essere di successo è una delle disgrazie più terribili che ti possa accadere.
- SEGRETO n. 2: Nel mondo del lavoro, non ti distingui più con le hard skills: focalizzati nell'acquisire, sviluppare e padroneggiare le soft skills.
- SEGRETO n. 3: Pensare che sia questione di talento è il quarto errore più comune dopo la laurea.
- SEGRETO n. 4: Una persona di successo la riconosci al ristorante, da quanto tempo ci mette a scegliere dal menu.
- SEGRETO n. 5: Le persone di successo sono persone normali, che hanno avuto una costanza e una perseveranza sopra la media.

Capitolo 5:
Come e perché ragionare a lungo termine

- *"Vi do il benvenuto. E vi ringrazio per aver accettato questa... questa offerta di lavoro. Vivremo qui, isolati dal resto del mondo. 5 mesi. 5 mesi in cui studieremo come portare a termine il colpo".*

- *"Come sarebbe 5 mesi? Ma dico, siamo impazziti?"*

- *"Vedi, la gente passa anni a studiare per arrivare a ottenere uno stipendio che, nel migliore dei casi, sarà sempre uno stipendio di merda. Che cosa sono 5 mesi? Io vivo pensando a questo. Da moltissimo tempo".*

Se hai visto la serie TV *La casa di carta* (*La casa de papel*, in lingua originale) hai riconosciuto al volo la scena da cui ho preso queste battute.
Se invece non la conosci, lascia che ti racconti la trama, in un minuto. Vai tranquillo, no spoiler. Ti racconterò solo i primi 11 minuti e 9 secondi, della prima puntata, della prima stagione.

La casa di carta racconta la storia di questo eccentrico personaggio, conosciuto come *il professore*, che recluta un gruppo di persone con una caratteristica in comune: a causa dei precedenti penali, non hanno nulla da perdere.
La missione è super ambiziosa, quasi suicida: entrare nella zecca di Stato spagnola, uscendo con un bottino di *2.400 milioni di euro*.

Dopo aver riunito questi *collaboratori*, il professore li porta nelle campagne di Toledo, in una location abbandonata e isolata dal resto del paese. Si accomodano tutti in un'aula, il professore va alla lavagna, col gessetto scrive *Bienvenidos*, e inizia a raccontare il piano per entrare nella zecca.

Quando dichiara che la preparazione e lo studio del colpo durerà in totale 5 mesi, è Mosca a interromperlo.
Sì, ognuno dei partecipanti si è autoassegnato il nome di una città, per tenere nascoste le vere identità.

La risposta del professore è esemplare, ferma, dritta al punto. Ed è un assist al bacio per aprire l'argomento di questo capitolo: il pensare a lungo termine.
C'è una frase, a volte attribuita a Bill Gates, altre volte a Tony Robbins, secondo cui la maggior parte delle persone sopravvaluta quello che può ottenere in un anno e sottovaluta quello che può ottenere in 5/10 anni. È una grande verità.

Se sei arrivato a leggere fino a qui, significa che sei una persona ambiziosa. Non vuoi accontentarti di una vita nella media. Non vuoi accontentarti di un lavoro nella media. Vuoi realizzare qualcosa per cui essere ricordato. Vuoi imparare a ragionare da imprenditore per poi diventare un imprenditore. Magari hai già un progetto o un'idea che ti frulla in testa da un po' di tempo. Magari hai in mente di lanciare quella startup dal grande potenziale di crescita. A questo scopo, ragionare nel lungo termine è fondamentale: niente di grande si realizza dall'oggi al domani.

Al Ries parla di *Legge della pazienza*, quando spiega il lungo processo con cui un brand entra nel mercato e trova uno spazio preciso nella mente dei clienti. Per noi vale la stessa cosa. Per realizzare qualcosa di grande nel mondo del lavoro, non puoi soffermarti solo su quanto guadagni alla fine del mese. Anzi. All'inizio, quello che guadagni a fine mese è l'ultima cosa che ti deve interessare.

Per me è sempre un tema spinoso da affrontare: quando esci dall'università, l'unica cosa che vorresti fare è dimenticare per sempre tutte le dispense, tutti i libri e tutti gli appunti. Dentro di te, senti che è finalmente iniziato il momento di guadagnare e raccogliere i frutti dei tuoi sforzi.
La verità è tutt'altra: quando esci dall'università, non c'è nulla da raccogliere. Non sei pronto a raccogliere proprio niente.

Semplicemente perché non hai ancora iniziato davvero a seminare. È difficile da accettare, lo so: vorresti spegnere la *Modalità Studio* e pensare solo a guadagnare i tuoi soldi.

Ma tutto quello che ti serve per realizzare una vita di abbondanza devi ancora impararlo. L'ho vissuto sulla mia pelle e ho capito che, quando esci dall'università, è tempo di iniziare a dare. Iniziare a dare, focalizzandoti sui risultati che arriveranno da lì a due, tre, quattro anni.

Ok, fermo. Immagino la tua reazione. In confronto, quella di Mosca nei confronti del professore non è nulla. Due, tre, quattro anni ti sembrano un'eternità. Hai ragione, ti capisco perfettamente. Mentalmente, è un passaggio molto impegnativo. Ma è fondamentale.
Come d'abitudine, anziché dirti quello che si dovrebbe fare, ti racconto quello che vissuto io e che per me ha funzionato. Imparare a ragionare a lungo termine mi ha davvero fatto fare un salto di qualità incredibile.

Tralasciando i lavoretti che ho fatto durante gli studi (come il magazziniere o il porta pizze), sono nato lavorativamente nel mondo del Network Marketing. Quindi con un'attività autonoma da incaricato alle vendite, senza uno stipendio fisso. **Non aver mai avuto uno stipendio fisso è stata una benedizione**: fin da subito mi sono concentrato sul crearmi il lavoro, senza pretendere nulla e avendo ben chiaro che tutto quello che ottenevo (e che non ottenevo) dipendeva solo ed esclusivamente da me.

È stata una benedizione perché, altrimenti, ci avrei messo molto di più a costruire il mindset che ho oggi, e che mi sta aiutando ad avvicinarmi sempre più alla persona che desidero diventare. Ho affrontato diverse sfide: imparare a crearmi il lavoro, trovare i primi clienti, organizzare in modo produttivo le giornate, capire come ragionare per obiettivi e pianificarli, gestire un team di collaboratori a cui non potevo promettere grossi guadagni. Soprattutto perché, all'inizio, non ce li avevo nemmeno io.

Per i primi due anni ho dato, dato, dato, dato, dato e ancora dato. Dall'esterno, tanti mi hanno fatto notare che ho dato tantissimo, anche a persone che non sempre se lo meritavano, e che hanno preso e mi hanno voltato le spalle senza ringraziare. Ma l'ho fatto volentieri, l'ho fatto con passione, con cuore e con entusiasmo. Ho dato senza chiedere nulla in cambio. E, soprattutto, senza pretendere nulla in cambio. Ci sono stati dei momenti difficili? Sì, certo: ci sono stati e ci sono tutt'ora. Ma li ho sempre superati pensando che una scomodità oggi porta a una comodità domani. Che un sacrificio oggi porta a una ricompensa domani. Che il prezzo che paghi oggi ti torna indietro domani. Se solo sei in grado di aspettare.

Sulla mia *Vision Board*, tra le varie immagini, ho appeso una frase di M. J. DeMarco, tratta dal suo libro *The Millionaire Fastlane* (in italiano è stato tradotto *Autostrada per la ricchezza*): "*Ciò che provoca sensazioni di piacere a breve termine spesso ha effetti negativi sul lungo periodo. I processi con cui raggiungi ricchezza e salute richiedono disciplina, sacrificio, resistenza, impegno, e sì, di rimandare le gratificazioni*".

In altre parole: il potere della pazienza e della perseveranza. Hai mai visto *The Founder*? È il film che racconta la storia di McDonald's. Per tutti i 115 minuti, Ray Kroc (il protagonista, interpretato da Michael Keaton) rimarca che nulla è più decisivo della perseveranza. Né il talento, né il genio, né l'istruzione. Nulla conta più della caparbietà, della tenacia, della costanza e, soprattutto, della forza di andare avanti e inseguire i tuoi obiettivi, nonostante gli ostacoli, le difficoltà, i fenomeni che ti dicono che non ce la farai. Non è facile, perché abbiamo perso il valore della perseveranza e della pazienza, il valore del sacrificio, il valore del rimboccarsi le maniche e farsi il c… ops, farsi il mazzo.

La società in cui viviamo rende sempre più complicato pensare sul lungo periodo. È la società dell'apparenza, del tutto subito, dello *Zero sbatti. Pronto in 5 minuti. In forma in 4 giorni.* Vogliamo che il risultato arrivi subito. Se non nell'immediato, comunque nel breve. In più, come se non bastasse, ci sentiamo in perenne competizione e abbiamo quasi l'ansia di dimostrare qualcosa a qualcuno. E qui si apre il tema della percezione sociale, a cui sono molto affezionato.

"*Compriamo cose di cui non abbiamo bisogno, con soldi che non abbiamo, per impressionare persone che non ci piacciono*". Hai mai sentito questa frase? Ne parlava anche GaryVee in uno dei suoi speech: questa frase racchiude quel costante bisogno di dimostrare qualcosa a qualcuno. Per me è stato una grossa, fastidiosissima spina nel fianco, per diverso tempo. All'inizio ci stavo davvero male, ero emotivamente distrutto: dentro di me ero certo che la strada che stavo percorrendo mi avrebbe condotto a una vita indimenticabile. Ma non avevo ancora i numeri per dimostrarlo, da sbattere in faccia alle persone che mi mettevano i bastoni tra le ruote e cercavano di buttarmi giù.

C'è stato un periodo in cui non lavoravo più per i miei sogni, ma far star zitti gli altri. Non c'è nulla di peggio. E, guarda caso, è stato il periodo della mia vita in cui ho ottenuto meno risultati. Dopo un po' mi sono reso conto di dover eliminare il problema della percezione sociale, del giudizio degli altri, di come appari soprattutto alle persone più vicine a te (amici e parenti).

Devi metterlo in conto. **Quando fai qualcosa di diverso dalla massa, c'è sempre qualche genio della lampada che cerca di tirarti giù**, di trascinarti nella sua mediocrità, di farti rinunciare ai tuoi sogni. Di solito sono persone che, socialmente, sono al tuo stesso livello. E c'è un motivo molto preciso per cui cercano di metterti i bastoni tra le ruote: se tu ce la fai, diventi la dimostrazione vivente che è possibile farcela. Queste persone non hanno capito il principio dell'iceberg e del backstage del successo. Loro saranno sempre convinti che le persone di successo, in fondo, hanno qualcosa di speciale. Qualcosa che loro non hanno. Sono convinti che, per raggiungere grandi risultati, sia questione di avere qualcosa. Qualcosa che loro non hanno ricevuto alla nascita.

Se tu ce la fai, tagli le gambe alle loro scuse. Non possono più dire che è questione di talento, che è questione di essere raccomandati, che è questione di nascere nella famiglia giusta, nella città giusta, nell'anno giusto. Tu sei partito dalla loro stessa situazione e ce l'hai fatta. Così facendo, diventi la prova che, se loro non ce l'hanno fatta, è perché non hanno avuto voglia di alzarsi dal divano e mettersi in gioco.

Alzarsi dal divano e mettersi in gioco costa impegno e fatica. È molto più facile provare a tirarti giù e spingerti a mollare, così da poter continuare a raccontarsi le favole. Ricordatelo sempre e continua a ragionare a lungo termine, quando decidi di uscire dall'anonimato per lanciare un progetto o un'iniziativa tutta tua.

Solo il tempo, alla fine, ti darà ragione. Dico sul serio. Questo vale quando ti butti nel lavoro autonomo, quando parti con un'attività in proprio. Ma anche quando inizi un percorso di crescita personale, quando inizi a frequentare corsi e conosci il mondo della formazione, quando cominci a frequentare nuove persone che pensano *out of the box.*

Quando ti rendi conto che vuoi di più dalla tua vita e che avere un impatto positivo nella vita delle persone vale di più di 1200 euro al mese. Quando capisci che vale la pena sacrificare la tua sicurezza e il tuo stipendio per qualche tempo, per lavorare a qualcosa che davvero ti gratifichi e possa aiutare gli altri. Mantieni viva la consapevolezza del fatto che, nel lungo termine, torna tutto.

A volta però, nonostante tutto, potrebbe tornare a galla un po' di nervosismo e un po' di frustrazione per tutte le chiacchiere dei suddetti geni della lampada. Cambia prospettiva: inizia a prenderci gusto, a sentirti realizzato per il fatto stesso che c'è gente che ti prende in giro e cerca di ostacolarti. Sono solo la prova che hai preso la strada giusta. Tutte le persone che hanno realizzato qualcosa di grande, all'inizio hanno dovuto scontrarsi con diversi detrattori. Quindi, dovresti preoccuparti del contrario: ovvero se nessuno cerca di tirarti giù. Trasformali in energia positiva. Cosa diceva J-Ax? "*Ti prendono per scemo, per loro sei un alieno, ma è questo che ti fa contento un po*".

È solamente la storia che si ripete. Leggi qua: "*No grazie, siamo a posto. Ma c'è giusto bisogno di qualcuno che suoni la lira a corte*" rispose Lodovico il Moro a Leonardo Da Vinci, quando si presentò per proporsi come ingegnere.

Antonio Stradivari era considerato uno stregone dai suoi coetanei e poco più che un cretino in famiglia, per la sua abitudine di chiudersi in cantina e studiare la colla e la vernice per gli strumenti musicali. Oggi è universalmente riconosciuto come uno dei migliori costruttori di strumenti a corde: i suoi violini valgono una fortuna. Ed è stato citato nel film *Scoop*, di Woody Allen.

Carlo Forlanini realizzò una cura per la tubercolosi, che guarì pazienti inguaribili. Quando la presentò nel 1894, tutti i colleghi lo presero in giro. Poco dopo fu integrata negli ospedali di tutto il

mondo.
Giuseppe Verdi fu rifiutato dal conservatorio di Milano, che oggi si chiama *Conservatorio Giuseppe Verdi.*

“*No signorina, scrivere non è il suo mestiere, non fa per lei*”, fu detto ad Agatha Christie. Oggi è la scrittrice inglese più tradotta dopo Shakespeare.

"*Il calcio non ti darà mai da mangiare*", diceva la professoressa a Cristiano Ronaldo, 5 volte pallone d’oro e conosciuto in tutto il mondo col suo brand *CR7.*

“*Al massimo farai la parte di una cicciona in uno spettacolo*”, disse l’insegnate alla 14enne Kate Winslet, protagonista di Titanic, vincitrice di un *Oscar* e di quattro *Golden Globe.*

Pazzesco, vero? Pensaci un attimo: ma se tutti loro avessero ascoltato questi giudizi esterni?
Perseveranza, my friend. Visione oltre la visuale.

Il quinto errore più comune dopo la laurea è pensare solo nel

breve termine. Pensa a lungo termine: le scelte di oggi determinano chi sarai domani, tra un mese, tra un anno, tra dieci anni, tra una vita. E, guardandola al contrario: tu oggi sei la somma di tutte quelle decisioni che hai preso (o non hai preso) negli ultimi anni. Fai molta attenzione: i piccoli cambiamenti che introduci nella tua vita, e che porti avanti con costanza nel lungo periodo, a un certo punto creeranno dei cambiamenti enormi. È esponenziale: all'inizio sembra non succeda nulla, poi a un certo punto... sbam. Inizi a raccogliere tutti i frutti. Da fuori sembra che sia accaduto all'improvviso (ricorda l'esempio dell'edificio di cui parlavamo nel capitolo 4), tu invece sai bene com'è successo.

Anni fa (credo su un articolo di un blog) ho letto questa frase, che ho subito segnato nelle note: "*Quando niente sembra aiutare, io vado a guardare un tagliatore di pietre, che sta martellando la sua roccia, forse un centinaio di volte, senza nessun risultato. Se non una piccola crepa nella roccia. Poi, al 101esimo colpo, la roccia si spacca in due. E io so che non è stato quell'ultimo colpo che lo ha fatto, ma tutti i colpi che ci sono stati prima*".

E c'è anche un altro aspetto: tutto quello che decidi di fare crea degli effetti sia nel breve che nel lungo periodo. Una tua decisione crea un effetto, che diventa causa di un altro effetto, che, a sua volta, diventa causa di un altro effetto. E così via. **Si crea un effetto domino pazzesco, una vera a propria reazione a catena**. Cito di nuovo *Ritorno al Futuro*: nel 1985, Marty decide di cedere alle provocazioni di Needles e fare uno sparo al semaforo. Questo lo porterà a essere licenziato, nel 2015. Un effetto domino a distanza di 30 anni. Il motivo del licenziamento non è stata la decisione di farsi provocare. L'effetto di quella decisione è stato lo sparo, che ha generato un incidente. Quell'incidente ha generato un altro effetto, che ne ha generato un altro. E così via, fino al licenziamento trent'anni dopo.

Ti porto anche il mio esempio: nel 2015 ho deciso di buttarmi nel mondo del lavoro autonomo, dicendo quel *sì* che ha fatto iniziare l'avventura. Grazie a quel *sì*, sono entrato in contatto con tantissime persone di valore altissimo. Queste persone mi hanno trasmesso la passione per il marketing e per la vendita professionale. È stato l'input per scoprire il mondo della formazione e della crescita personale.

Grazie a uno dei corsi che ho frequentato, precisamente nel 2018, ho capito come aumentare il livello di concentrazione ed energia grazie all'alimentazione. Avere più energia mi ha dato la motivazione per svegliarmi prima la mattina e riprendere a fare sport. Insieme allo sport, ho acquisito per davvero l'abitudine della lettura. Grazie a uno dei libri che ho letto (*The miracle morning*, che ti consiglio di cuore), ho imparato a creare una potente routine mattutina, che mi ha portato a essere più in controllo delle emozioni e ad avere più spazio da dedicare a me stesso. E tutto è partito da quel *sì* del 2015. Ti rendi conto dell'effetto domino? Pensa se non avessi preso quella decisione, come sarebbe stata la mia vita? Due parole: *Sliding Doors*.

All'inizio del film *Sliding Doors* (anche qui, no spoiler) vediamo la protagonista, Helen, che viene licenziata e sfreccia velocemente verso la metro. Arrivata alla metro, il film si spacca in due scenari paralleli. Nel primo scenario Helen perde la metro. Nel secondo invece, sale sulla metro e rientra a casa dopo pochi minuti. Da qui in poi, vediamo come prosegue la sua vita nel primo scenario e, parallelamente, cosa succede nel secondo.

Nel primo scenario, Helen perde la metro perché viene rallentata da una bimba. Nel secondo scenario, riesce a salire sulla metro perché quella stessa bimba viene spostata dalla mamma. Un minuscolo particolare, esterno a Helen, cambia totalmente la direzione della sua vita. La continua concatenazione di causa ed effetto è iniziata dall'aver perso (o dall'aver preso) la metro. Quando ho ripensato a questo film, mi sono detto: "*Ma se un particolare esterno può cambiare totalmente la direzione della tua vita, che impatto può avere una decisione presa consapevolmente? Un cambiamento scelto di proposito? Un sì o un no in risposta a una richiesta?*".

Tutti noi viviamo *Sliding Doors*. Tutti i giorni. Ma non ce ne rendiamo conto: noi non possiamo vedere il secondo scenario del film. Non possiamo vedere il mondo parallelo che si sarebbe creato se quella causa non avesse creato quell'effetto. Magari quella proposta di lavoro, che hai rifiutato per paura del giudizio degli altri, ti avrebbe portato alla carriera dei tuoi sogni. Sliding Doors.

Magari durante a quella cena, a cui non hai partecipato perché non avevi voglia di uscire di casa, avresti conosciuto la donna, o l'uomo, della tua vita. Sliding Doors. O quella vacanza a cui non hai saputo rinunciare: magari investendo quella settimana e quei mille euro in quell'idea chi ti passa per la testa da una vita, avresti creato una startup milionaria. Sliding Doors.

Ora fermiamoci e smettiamola di pensare al passato e, soprattutto, a cose su cui non possiamo essere in controllo. Finora è andata così, hai sempre pensato che un piccolo dettaglio non potesse fare così tanto la differenza. Magari nel breve non cambia le cose. Ma nel lungo termine, la tua vita può prendere una direzione diametralmente opposta.

Pensa a un arciere: se la traiettoria con cui scocca la freccia cambia di un grado, nei primi metri non cambia nulla. O meglio: la differenza è impercettibile. Ma immagina se la freccia potesse andare avanti a viaggiare per 5mila kilometri: con un solo grado di differenza, nel lungo termine, la destinazione della freccia sarebbe completamente diversa.

La stessa cosa avviene nella nostra vita. È questo il motivo per il

quale sono estremamente grato per aver imparato a ragionare sul lungo periodo. Quella che oggi ti sembra una decisione insignificante, che nel breve termine non produce effetti degni di nota... Tra vent'anni potrebbe segnare la differenza tra essere sul lastrico e vivere una vita di abbondanza.
Soprattutto perché parliamo di decisioni. Tony Robbins: "*It is in your moments of decision, that your destiny is shaped*".

Mi sono accorto che ci sono due componenti che ti possono aiutare tantissimo quando devi prendere una decisione importante (o non). In realtà, mi aiutano in tantissime occasioni, non solo quando parliamo di processi decisionali. La prima componente è avere una guida. Nel mio percorso, ho avuto (e ho tutt'ora) delle guide. Chi è una guida?

Una guida è un mentore, un faro, una bussola, una figura autorevole, un punto di riferimento a cui ti rivolgi quando ti senti in dubbio, la cui esperienza può risultare decisiva: può essere quella sliding door. La guida è Silente per Harry, Doc per Marty, Gandalf per Frodo, Rafiki per Mufasa e Simba, il Professore per la banda della casa di carta, Mago Merlino per Re Artù, il Grillo

Parlante per Pinocchio, Yoda per Luke Skywalker, Morpheus per Neo, Mickey per Rocky.

Una guida è tendenzialmente qualcuno che conosci di persona, anche se non è sempre detto: Federico Pistono, che per me è una guida, non l'ho ancora conosciuto dal vivo. L'unica interazione che abbiamo avuto finora è un suo commento a un mio video in cui l'ho citato, su LinkedIn. Mi ha fatto davvero piacere. Personalmente ho individuato più guide, una per ogni ambito. Ho appena citato Federico, la mia guida quando si parla di robotica, tecnologia e scenari futuri. Un altro esempio: in ambito business, la mia guida è Enrico, che hai avuto modo di conoscere sia nella prefazione che nell'esempio della mela rossa.

Quando devi raggiungere una location nuova e non conosci la strada, puoi salire in macchina e andare *a sensazione*: magari arrivi comunque, ci mancherebbe, ma probabilmente rischierai di sbagliare strada e ci metterai molto più tempo. Magari imbocchi, per sbaglio, una strada a pedaggio che potevi evitare, e ci rimetti pure qualche soldino. Oppure puoi aprire Google Maps e seguire le indicazioni.

Allo stesso modo, puoi decidere di affrontare il tuo futuro da solo, in mezzo a tutte le insidie, a tutti i dubbi e a tutte le insicurezze. Oppure farlo con una guida, che è il tuo Google Maps.
Io sono partito da solo, senza una guida. Dico davvero. Ho perso un sacco di soldi, di tempo e di energie. E fin qui... è anche banale, te lo dicono tutti. Quello che in pochi ti dicono è che fare scelte sbagliate significa rendere conto non solo al tuo portafoglio e al tuo tempo, ma anche alla tua coscienza, alla tua autostima e ai rapporti con le persone che ami. Sono assolutamente convinto che gli errori siano una fonte di crescita incredibile: ringrazio tutti gli errori e tutti i momenti di difficoltà che ho passato, perché hanno contribuito a formare la persona che sono.
Ma c'è una linea sottile tra fare errori e andarsi a schiantare.

Ora, riprendendo l'esempio di prima: non dico che una guida avrebbe sicuramente previsto che quel business non aveva senso. Nessuno ha la bacchetta magica. Ma, con una guida, avresti dato a te stesso l'occasione di vedere la situazione da un altro punto di vista. Un punto di vista esterno. La guida è una persona che ha già fatto le tue stesse esperienze e ti aiuta a non commettere gli stessi errori.

Nella splendida avventura che sto vivendo nel mondo del lavoro ho viaggiato con delle guide e senza delle guide. E scelgo tutta la vita di viaggiare con delle guide. Ho provato sulla mia pelle che, senza una guida, rischi di bruciare le tue relazioni e le tue amicizie. È quello che è successo a me. Per questo motivo sono totalmente certo del fatto che ti serve qualcuno che ti indichi dove guardare, in che direzione muoverti e in che modo ragionare. Ti capiteranno sempre e comunque degli scivoloni. Ma se hai una guida, qualunque errore tu faccia, lo fai in modo consapevole e i rischi sono molto più contenuti.

Sai qual è, poi, la soddisfazione più grande? Diventare a tua volta una guida. È una sensazione incredibile, che a 26 anni ho già avuto la fortuna di provare moltissime volte. Vedere un collaboratore o un amico che viene da te e ti ringrazia per essere una guida. Mamma mia. Ho i brividi anche ora che lo sto scrivendo.

Sono passati più di due anni, ma ricordo con piacere (lo ricordo così bene perché è stato un picco emotivo) un messaggio in particolare, di Cristian, che è stato mio collaboratore per qualche

mese: "*Volevo solo dire che sei fantastico in quello che fai e facciamo Sam, forse ti può sembrare banale tutto questo ma sei più di un Area Manager, sei il mio mentore e colui che mi dà fiducia sempre, grazie per tutto questo Sam... spero di continuare tutto questo grazie anche al tuo appoggio professionale. Sei un grande*". Sono consapevole di aver ricevuto tanto dalle mie guide e credo che il miglior modo per ringraziarle sia, a mia volta, contribuire alla crescita di più persone possibili.
Andando in conclusione, la seconda componente sono i valori. Che cosa sono i valori? Te lo spiego con una metafora: immaginati di essere una nave. Sì, tu sei una nave. Ecco, i tuoi valori sono il timone della nave.

Qui si svela la ricetta della felicità: **noi siamo tristi quando non sentiamo soddisfatti i nostri valori. Siamo felici quando siamo allineati con i nostri valori.** Sono molto dispiaciuto del fatto che sia molto difficile (a meno che tu non abbia una vera guida) trovare qualcuno che ti trasmetta l'importanza di chiedersi quali sono i nostri valori.

La maggior parte delle persone muore senza essersi mai fatta

questa domanda, che è una delle domande più potenti e più importanti che possiamo porci: "*Quali sono i miei valori? Quali sono i più importanti?*".
Quando i tuoi valori non sono più allineati con la vita che stai vivendo e con le attività che svolgi, è il momento di cambiare. È esattamente quello che mi è successo a cavallo tra il 2016 e il 2017. Nonostante la magistrale andasse molto bene. Nonostante mi piacessero comunque le lezioni. Nonostante la media del 27. Mi sono reso conto che i miei valori non andavano d'accordo con quelli che voleva trasmettermi l'università. Che, in più, non poteva darmi il futuro che, da persona estremamente ambiziosa, volevo costruire.

Hai presente *la vocina*? Sono sicuro capirai di cosa parlo. Mi sono reso conto che tutte le decisioni che prendiamo, non siamo noi veramente a prenderle. È quella vocina che sentiamo dentro: lei, più di chiunque altro, sa quello che davvero vogliamo, sa quello che davvero desideriamo, sa che cosa accende quel fuoco che abbiamo dentro.

È quella vocina che ci spinge a scegliere A anziché B. A scegliere

un progetto affascinante con cui sappiamo di poter cambiare la vita delle persone, anziché un lavoro con lo stipendio certo. A scegliere di bruciare le navi anziché andare avanti in un percorso che non è coerente con i nostri valori.
La base è avere chiari quali sono i tuoi valori, per poi metterli in ordine di importanza. Ricordo perfettamente la sensazione che ho provato la prima volta che ho preso un foglio bianco e ho iniziato, di getto, a scrivere i miei valori. Ci ho messo meno di due minuti. Poi li ho ordinati in base all'importanza e alla priorità. Ho provato una sensazione di fresca e naturale leggerezza. Quasi come se mi fossi tolto un peso. Su quel foglio avevo appena disegnato un autoritratto, grazie all'immagine precisa dei valori di Samuele.

Ogni volta che mi trovo davanti a una decisione importante passo in rassegna i miei valori, che sono il timone per direzionare la nave (me stesso) sulla rotta giusta per la mia vita. Quando hai bene in mente i tuoi valori prendi decisioni con una sicurezza molto maggiore. Ti porto il mio esempio: nel 2018 ho rifiutato un'offerta di lavoro (in un settore che tra l'altro mi affascinava) da 30mila euro netti l'anno, con macchina e telefono aziendale.

Mi ero appena lasciato alle spalle il 2017, anno in cui ho dato tantissimo, ho pagato il prezzo, mi sono impegnato duramente, guadagnando però uno sputo. Dopo un anno con dei guadagni irrisori, un'offerta (arrivata da LinkedIn, a proposito di posizionarsi bene online) da 2500 euro al mese con auto e telefono, poteva essere allettante. Ma sai cosa ti dico? È stato semplicissimo dire di no. Sarebbe stato un tipo di lavoro piuttosto vincolante, con dei paletti da rispettare e degli orari non flessibili. Il mio primo valore è la libertà. Sì, nel breve poteva farmi guadagnare qualche soldo in più, ma nel lungo termine mi avrebbe allontanato dalla persona che volevo diventare.

Anche in questo caso, ragionare nel lungo periodo è stato fondamentale. Non ho nemmeno dovuto prendermi del tempo per pensarci. È stato fantastico.

Prima di chiudere, altro concetto che ho assimilato e che trovo estremamente vitale e affascinante: **non è mai una questione di soldi. Il lavoro non è mai una questione di soldi. La vita non è mai una questione di soldi**.

Ci tengo davvero che tu possa far tuo il tema dei valori: è un

argomento a cui, l'avrai notato, sono parecchio legato.
Come alla fine del capitolo 4, ti lancio un invito. Un esercizio, durata massima di due minuti. Come quello sulla definizione del successo, è molto soggettivo e non ci sono risposte giuste o sbagliate. Qui sotto, ti lascio alcune righe vuote: scrivi di getto, di pancia (senza perderti in seghe mentali), quali sono i tuoi valori. Oltre alla libertà, che ti dicevo essere il mio primo valore, ti lascio come esempi alcuni dei miei valori. Li scrivo volutamente non in ordine di importanza, ma in ordine sparso, per non influenzarti troppo: entusiasmo, spontaneità, lealtà, ambizione, autoironia, contributo, intraprendenza, coraggio, divertimento, crescita, passione, concretezza, autodisciplina.

I miei valori:

____

____

____

RIEPILOGO DEL CAPITOLO 5:

- SEGRETO n. 1: Quando fai qualcosa di diverso dalla massa, c'è sempre qualche genio della lampada che cerca di tirarti giù, di trascinarti nella sua mediocrità, di farti rinunciare ai tuoi sogni.
- SEGRETO n. 2: Pensare solo nel breve termine è il quinto errore più comune dopo la laurea.
- SEGRETO n. 3: I piccoli cambiamenti che introduci nella tua vita, e che porti avanti con costanza nel lungo periodo, a un certo punto creeranno dei cambiamenti enormi.
- SEGRETO n. 4: Puoi costruire anche da solo il tuo futuro. Ma se hai una guida che ti conduce giochi a un altro sport, quattro categorie più in alto. E gli errori hanno molto meno impatto.
- SEGRETO n. 5: Quando hai bene in mente i tuoi valori prendi decisioni con molta più sicurezza. I tuoi valori sono il timone per prendere la rotta giusta.

Capitolo 6:
12 input per costruire un mindset vincente

Riepiloghiamo un attimo tutti gli errori più comuni di cui abbiamo parlato nei primi cinque capitoli:

- Pensare che il mondo del lavoro in cui sei nato è lo stesso in cui sono nati i tuoi genitori
- Pensare che la laurea sia un elemento differenziante
- Pensare di aver finito di studiare una volta terminati gli studi
- Pensare che sia questione di talento
- Pensare solo nel breve termine

Ci hai fatto caso, vero? Iniziano tutti con la parola *pensare*.

Non è un caso. Non è assolutamente un caso. Il tuo modo di pensare, il tuo mindset è la base di tutto. Le fondamenta del grattacielo. Senza il mindset (l'*assetto della mente*), tutte le tecniche che impari sono inutili. Senza il mindset, le azioni sono inutili. Le attività sono inutili. Anche la formazione è inutile.

Dico davvero: posso anche suggerirti tutta la formazione migliore del mondo, i corsi e le esperienze che ti possono arricchire di più, ma se le vivi senza il mindset giusto, è tutto una perdita di tempo e di soldi. Puoi anche fare corsi o percorsi da 20mila euro (ce ne sono, e li conosco abbastanza bene), ma se li vivi con la mentalità sbagliata… l'unico risultato che ottieni è bruciare 20mila euro. Non credo sia un'esperienza divertente, vero?

Costruire un grande futuro è come costruire un grattacielo. Il tuo mindset rappresenta le fondamenta. Guarda caso, le 10 top skills del mondo del lavoro, aggiornate a novembre 2019 (fonte: *HRD Training Group*), sono tutte legate, direttamente o indirettamente, alla mentalità:

- Risolvere problemi complessi
- Sviluppare un pensiero critico
- Capacità di creare
- Gestire e guidare le persone
- Capacità di coordinarsi con gli altri
- Intelligenza emotiva
- Capacità di giudizio e di prendere decisioni

- Orientamento al servizio
- Negoziazione e vendita
- Flessibilità

Ma perché, precisamente, il mindset è alla base di tutto? Perché parte tutto dall'assetto mentale, dalla mentalità?
Riprendo il concetto di effetto domino (o di reazione a catena): il tuo mindset genera i tuoi pensieri. I tuoi pensieri generano le tue abitudini. Le tue abitudini generano le tue azioni. E le tue azioni generano i tuoi risultati.

Mindset → pensieri → abitudini → azioni → risultati

Quindi, il tuo mindset crea i tuoi risultati. E visto che i risultati generano, di conseguenza, autostima… Il tuo livello di autostima dipende strettamente dal tuo modo di pensare. Interessante, vero?

Se il mindset è, letteralmente, il tuo assetto mentale, la mentalità è la tua età mentale. Proprio per questo motivo, io mi trovo molto più in linea con persone che hanno magari vent'anni più di me, rispetto ad alcuni miei coetanei. Ci sono tre fasi nella vita di ognuno di noi: la nascita, la morte e la sepoltura. Vedo, purtroppo, moltissimi under 30 che sono già morti. Non ancora sepolti, ma già morti. Ed è il periodo in cui dovresti saltare come una molla, essere una centrale nucleare di energia, avere mille idee e mille ambizioni. Eppure, spesso non è così, proprio per una questione di mentalità.

Ho voluto incentrare questo libro proprio su questo tema, non solo perché è una sfera in cui mi sento davvero forte, ma anche e soprattutto perché **è la prima area su cui concentrarsi, se vuoi lavorare sulla tua crescita e sul tuo futuro**. Bisogna andare per priorità, altrimenti rischiamo di iniziare a costruire il nostro grattacielo partendo dal secondo o dal terzo piano. Puoi anche farli perfetti, ma senza le fondamenta è tutto illusorio. È come avere successo, senza essere di successo.

Molto bene: andiamo sul pratico, come piace a noi. In questo sesto capitolo, prima di passare alle conclusioni e dirti come poter rimanere in contatto, voglio darti dodici input da cui iniziare, per settare la mentalità vincente.

Il primo input di cui ti parlo è stato il primo anche per me. Il primo aspetto su cui ho iniziato a lavorare, che ritengo di vitale importanza. In quattro parole: assumiti sempre la responsabilità. Ne parlavo in uno dei miei video sul canale YouTube (il titolo è *Come lo schiacciatore ti può aiutare nel mondo del lavoro*, se ti va di guardarlo). Quante volte ti è capitato di essere in una situazione di vita non positiva e hai scaricato la colpa all'esterno?

A me capitava molto spesso: durante una situazione di disagio, mi focalizzavo sul problema e iniziavo a pensare ai *se* e ai *ma*. E partiva il trenino di *scusite.*
Su questo tema, ci aiuta Julio Velasco, storico allenatore di pallavolo e grande motivatore. Nella sua *Teoria degli alibi*, racconta che lo schiacciatore, se schiaccia male, si gira vero l'alzatore dicendo di dargli la palla più vicina alla rete.

Allora l'alzatore gli dice che l'ha alzata male perché, a sua volta, l'ha ricevuta male. Così, si gira verso il ricevitore e gli dice di dargli la palla più precisa, perché altrimenti lui non può alzarla bene allo schiacciatore. A quel punto, il ricevitore si gira e… non c'è nessuno a cui scaricare la colpa. Perché al ricevitore, la palla arriva dalla squadra avversaria. Qui finisce la catena. Il nostro amico Julio ci insegna che "*Gli schiacciatori non parlano dell'alzata, la risolvono. Io voglio schiacciatori che schiacciano bene palloni alzati male. Perché questi poi, quelli alzati bene, li schiacciano benissimo*". Credo sia davvero un bellissimo insegnamento, che possiamo applicare nella nostra vita, sia a livello personale che a livello lavorativo.

Oggi puoi continuare a raccontarti che il mondo del lavoro è difficile, che non succede più, come vent'anni fa, che le aziende ti chiamino a casa per offrirti un lavoro. Oggi l'offerta è molto superiore alla domanda (a parte per alcuni ambiti molto tecnici e specifici, la *blockchain* per esempio): il lavoro si sta spostando. È come quando le persone si spostavano dalle campagne alle città, perché nascevano le prime industrie.

Oggi siamo allo step successivo, perché l'era industriale è finita (anche se in Italia, in tanti, non se ne sono ancora accorti). Dunque, ricorda: **lamentarsi non è una strategia intelligente!** Individua il problema, analizzalo e poi sposta il focus sulle soluzioni. Ed elimina totalmente il: "*Eh ma... Io sono fatto così*".

È il tuo cancro. È l'ostacolo più grande per la tua crescita.

Il secondo input parla di contaminazione positiva. "*Sei la media delle cinque persone che frequenti di più*". Conosci questa frase? La prima volta che l'ho sentita ho pensato: "*Ma va, su di me questa cosa non vale. Io penso con la mia testa...*". Ehy, nessuno pensa con la propria testa. Sebbene molti pensino di pensare con la propria testa. Tu cosa ne pensi?

Ok, la smetto con questo gioco di parole. Ma è veramente così. Il tuo modo di pensare è il risultato delle influenze che hai ricevuto e che ricevi tutti i giorni. Ho aperto questo secondo input parlando di contaminazione positiva: è il processo grazie a cui diventi il risultato degli insegnamenti che hai ricevuto e degli *insegnanti* che hanno avuto un impatto su di te.

Non puoi scegliere se farti influenzare o no. **È naturale e inevitabile essere influenzato: puoi solo decidere da quali fonti farti influenzare**. Quindi sceglile con estrema cura.
Persone positive e sorridenti o persone lamentose e negative?
Libri formativi o TV trash?

Telegiornali o fonti autorevoli?

Piccolo inciso: la gente pensa che le cose vadano male, perché i telegiornali continuano a dire che le cose vanno male. Con l'obiettivo di paralizzarci, di spaventarci, di renderci passivi e arrendevoli, di ammazzare l'entusiasmo, di abbassare lo spirito d'iniziativa. Anche perché, le notizie buone non fanno notizia...

"*Il tizio che abita nel paesino X, conosciuto da tutti come una persona tranquilla, normale e disponibile, dal nulla (o forse no), decide di ammazzare la moglie e i figli, per poi impiccarsi*". Prima cosa agghiacciante: una persona abituata a vedere i telegiornali tutti i giorni, quasi non si sorprende più di una notizia del genere. È una cosa quasi normale. Aspetta un attimo: uno ammazza la famiglia, si suicida e 'sta roba è normale? Siamo davvero arrivati a questo?

Essere costantemente esposti a fonti di questo tipo porta le persone a vivere nel terrore, a pensare che il mondo sia un posto orribile e che sia giusto non fidarsi di nessuno.

Nel frattempo però, guarda qui: negli ultimi 5 anni, il numero di omicidi in Italia è calato del 42%. Negli ultimi 10 del 52%. Dal 1992 a oggi dell'81% (fonti: *Istat* e *Agi*). Te l'avevano detto? L'informazione non è neutra, my friend: se vuoi continuare a sentirti dire che va tutto male, continua a guardare i telegiornali. Ma chiediti, nel profondo: se so che l'informazione non è neutra e tutto è studiato principalmente per fare più audience, se so che tutto è comunicato in modo catastrofico per farci vivere nella paura, per farci abbassare l'energia, l'entusiasmo, il buonumore, lo spirito d'iniziativa e il tono emozionale... perché guardarli?

Il primo step è dunque scegliere di farti contaminare solo da fonti potenzianti, che ti possano arricchire e ti possano dare valore. Secondo step: elimina gli Energy Suckers. Gli Energy Suckers sono come i *Dissennatori*: hanno il potere di risucchiare tutta l'energia, tutta la felicità, tutte le emozioni positive, per lasciarti in compagnia della disperazione e dei tuoi ricordi negativi, fino a farti arrivare alla depressione.

Ce ne sono una marea in giro, e sono l'opposto degli Energy Givers, ovvero quelle bellissime persone solari, divertenti, sempre col sorriso in faccia, che solo a vederle ti riempi di gioia e di carica.

Terzo step, conseguenza logica del secondo. Trova un ambiente ricco di Energy Givers: sono le persone che ti aiutano a raggiungere la versione migliore di te stesso. Sono indubbiamente certo che le relazioni che coltivi e l'ambiente che frequenti siano un fattore decisivo per la direzione che prenderà la tua vita. È il concetto di ecosistema di cui parlavo nell'introduzione. Ed è anche il motivo per cui ho fondato il nostro movimento: *La Community dei Laureati Survivors*.

Un ambiente dinamico, positivo, stimolante, ricco di persone che danno il proprio contributo e condividono spunti che arricchiscono tutti. Un ecosistema in cui puoi trovare il tuo *gruppo dei pari*. Quando ho iniziato eravamo in pochi: i primi Survivors, a cui sono tremendamente affezionato. Poi siamo cresciuti e siamo diventanti decine, ora centinaia. L'anno prossimo saremo una Community di migliaia di Energy Givers, in un ambiente esclusivo e lontano dalle negatività del mondo del lavoro a cui molti, purtroppo, sono abituati.

Il terzo input è, in parte, collegato al precedente: concentrati sulle cose su cui sei in controllo. È il concetto della bipartizione della realtà, di cui parla il filosofo stoico Epitteto. Ho scoperto, grazie a Enrico, che la filosofia stoica è quella più diffusa tra gli imprenditori della Silicon Valley: già questo dettaglio mi ha affascinato. Così, ho approfondito il pensiero di Epitteto grazie a uno dei libri di Massimo Pigliucci, fondatore del blog *How to Be a Stoic*, co-conduttore del podcast *Rationally Speaking* e professore di filosofia al City College di New York.

Ringrazio davvero Massimo per il suo contributo, perché grazie a lui ho scoperto una filosofia molto intrigante, con un approccio pratico e super applicabile alla vita moderna.
Uno dei pilastri dello stoicismo è appunto la bipartizione della realtà, secondo cui è necessario distinguere tra:

- Le cose sulle quali siamo in controllo
- Le cose sulle quali non siamo in controllo, su cui non abbiamo influenza, su cui non abbiamo potere

Una volta distinte, dobbiamo focalizzarci e indirizzare il

nostro impegno solo e soltanto sulle cose che possiamo controllare. Lasciare perdere il resto ti porta, tra i numerosi benefici, un bel risparmio di energia e qualche preoccupazione in meno. Alcuni esempi? Le nostre decisioni, i nostri comportamenti, i nostri desideri, le nostre azioni sono elementi che possiamo controllare. Gli eventi esterni, gli imprevisti, le opinioni, le azioni e il giudizio degli altri sono elementi che non possiamo controllare. È molto semplice la questione.

Tanti mi chiedono perché non mi interesso di politica: questo è il motivo. Stessa cosa per quanto riguarda i telegiornali. Non riguardano cose su cui posso essere in controllo.
Un esempio pratico molto efficace ce lo porta Cicerone, con l'immagine dell'arciere. Un arciere, quando si trova davanti al bersaglio da colpire, deve concentrarsi su tutto quello che succede fino al momento in cui scocca la freccia.

Quello che accade da lì in poi non è più in suo controllo. Le cose che può controllare sono il suo allenamento, la scelta dell'arco e della freccia, la cura nel piazzarsi correttamente con il corpo e nel prendere la mira e la valutazione del momento migliore in cui far partire il colpo. Ma deve distaccarsi emotivamente dal risultato, che non è completamente in suo potere. La sua influenza finisce nell'esatto momento in cui la freccia è partita.

Il quarto input per costruire un mindset davvero forte è la consapevolezza che, dopo gli studi, non esiste un'unica strada giusta e predefinita. La società in cui siamo immersi etichetta come giusta una cosa invece che un'altra. Questa è la percezione: socialmente parlando, è giusto iniziare seguendo il trenino di cui parlavamo nel primo capitolo (quello che inizia con la foto e l'hashtag *#finallygraduated*).

Ed è sbagliato iniziare immergendosi in nuovi modelli di lavoro, o provando a lanciare nel mercato le proprie idee e le proprie iniziative. Il punto è: **chi l'ha detto cos'è giusto e cos'è sbagliato?** Non puoi pensare che l'unica strada possibile sia spacciare curriculum come il pusher del quartiere, per poi aggrapparti con le unghie e con i denti a un lavoro che svolgi solo perché devi.

Un lavoro che ti porta a essere incazzato col mondo il lunedì mattina, vivendo la settimana nella noia e nella routine, intravedendo un barlume di speranza il verso il giovedì, solo per tirare il venerdì ed esclamare "*Thank God it's Friday*!", arrivando poi alla domenica a mezzanotte con la depressione che viene su, perché domani, azz, è di nuovo lunedì... Solo perché "*Si fa così*". Ma chi l'ha detto che *si fa così*? Mi chiedo come la maggior parte delle persone possano accontentarsi di una routine lavorativa di *fantozziana memoria.* La sveglia alle 7:51, calcolando tutto sul filo dei secondi, pettinandoti mentre fai colazione, vestendoti in 3 minuti cronometrati per poi arrivare alla fermata dell'autobus entro le 8:01. Prendendolo non al volo, se possibile, e senza tirare giù tutti i passeggeri che erano già a bordo.

Al nobile fine di timbrare il cartellino alle 8:30 del mattino e, alle 16:59, metterti ai blocchi di partenza, già con il cappotto addosso, per fuggire e respirare un po' di libertà. Fino alle 7:51 del giorno dopo. Per ulteriori dettagli, minuto 5 e 22 del film *Fantozzi* del 1975.

Il quinto input riguarda la cultura del fallimento. Quando ti butti in una nuova esperienza o nel mondo del lavoro autonomo, quando inizi un nuovo percorso, quando avvii un progetto o apri la tua attività in proprio, devi mettere in conto che, di sicuro, sarà un'altalena. Soprattutto all'inizio. Alternerai momenti di euforia e di lavoro produttivo a momenti in cui i risultati non arrivano e fai fatica a pagare i conti. È normale: **il fallimento non è una cosa di cui vergognarsi**, ma una parte inevitabile del processo. Il colonnello Sanders ricevette 1.009 rifiuti (millenove persone che gli hanno sbattuto la porta in faccia), prima che un imprenditore gli desse fiducia e comprasse la sua ricetta per il pollo fritto. Dodici anni dopo vendette l'azienda che aveva creato, per due milioni di dollari. Oggi tutti conosciamo i Fast Food *KFC*.

Affronta ogni errore, ogni test che non funziona, ogni scivolone come un tassello fondamentale per realizzare il tuo puzzle. Sii perseverante e ragiona sul lungo periodo, come abbiamo visto nel capitolo precedente.

Il sesto input parla di dove rivolgere il tuo focus in fase iniziale. Quando muovi i primi passi, non focalizzarti sul guadagnare soldi. **Concentrati sul guadagnare competenze**. Ti porto il mio esempio: nei primi due anni avrei guadagnato di più se avessi fatto un lavoro da dipendente. Visti da fuori, i primi due anni sono stati economicamente disastrosi.

Ma ho ottenuto molto di più dei soldi. Ho acquisito delle competenze che, oggi, posso rivendere nel mercato del lavoro. E, guarda caso, dal terzo anno sono iniziati ad arrivare anche dei soldini interessanti: coincidenze? La maggior parte delle persone però non ha la forza mentale per guardare oltre il proprio naso. Si fa fottere dalla percezione sociale: se non guadagno X soldi al mese, non potrò compare quel nuovo paio di jeans, quella giacca o la macchina con cui apparire più figo. Oppure non potrò andare una settimana al mare ad agosto. Sono questi i problemi che hanno in mente.

Sposta il tuo focus, pensa a qual è l'affare migliore. Affare 1: inizi subito a guadagnare, non ti perdi questi sfizi e soddisfi il tuo ego, prendendo uno stipendio che, bene o male, sarà sempre quello, per tutta la vita. Affare 2: ti concentri sul dare e non sul ricevere, sull'imparare, sul crescere e sull'acquisire competenze, sullo stringere relazioni di qualità che possano arricchirti.

Rinunci per due anni (ma anche se fossero tre o quattro, cosa cambia?) al nuovo capo d'abbigliamento, alla macchina con cui far ingelosire la tua ex e alle vacanze ad agosto, per poi valorizzare tutto quello che hai costruito in quei primi anni e farti pagare per tutte quelle skills che hai accumulato, iniziando a ricevere indietro tutto quello che hai dato e a guadagnare per davvero. Quale affare ti sembra più furbo? Ragiona sul *diventare di più*: guadagnare di più sarà una conseguenza logica dell'impatto positivo che avrai avuto sul mercato e sulle persone.

Tutti ti parlano di *come fare soldi*. Dal mio punto di vista, è un modo stupido di pensare. Tutti lavoriamo e vogliamo impegnarci anche per guadagnare più soldi possibili, io in primis. Ma avere come obiettivo il *fare soldi fine a sé stesso* è come andare a far benzina, per mettere la benzina che ti serve per andare al distributore successivo e metterci altra benzina. E così via all'infinito. Che senso ha? Non sono i soldi che fanno la differenza, ma quello che puoi fare con quei soldi.

Il settimo input è uno stimolo a **mantenere vive le tue ambizioni**. Vedi, sento spesso ripetere: "*Voi giovani dovete accontentarvi.*

Eh, col poco lavoro che c'è in giro, con la crisi, con le poche opportunità, coi pochi posti di lavoro che sono rimasti...". Sai cosa rispondo a questo tentativo di ammazzare i miei sogni? Non ti riporto le esatte parole, perché rischierei la censura. Quando inizi ad accontentarti, inizi, piano piano, a morire dentro. Alla domanda "*Cosa vuoi fare da grande?*", non ho mai sentito un bimbo rispondere: "*Voglio accontentarmi di un posto di lavoro mediocre, che mi dia quel tot al mese per pagarmi le bollette e vivere la vita che vorrei solo due settimane ad agosto*".

No, un bimbo ti dice che vorrebbe fare l'astronauta, l'inventore, il comico, il calciatore. Una bimba di dice che vorrebbe fare l'attrice, la cantante, la ballerina, la scrittrice. Oggi anche la youtuber, l'influencer, il travel blogger.

Tantissime persone, anziché fare quello che volevano nella vita, hanno fatto quello che la società li ha spinti a credere fosse giusto fare. Guarda questa immagine e decidi adesso, una volta per tutte, che prenderai a cazzotti chiunque provi a tagliarti le ali.

L'ottavo input è sviluppare abitudini potenti. Brian Tracy ha scritto un bellissimo libro su questo argomento, intitolato *Abitudini da un milione di dollari*. Come ti raccontavo nel capitolo 4, la prima cosa che ho notato in tutte le persone di successo che ho conosciuto è una velocità superiore alla media nel prendere decisioni. La seconda caratteristica che ho visto è l'aver sviluppato delle abitudini costruttive. **Non conta quali abitudini, ma il fatto stesso di avere delle abitudini produttive**.

Un'abitudine produttiva per qualcuno può essere un'abitudine non produttiva per qualcun altro. Ti faccio l'esempio mio e di Enrico: per me un'abitudine potente è svegliarmi molto presto la mattina. Enrico, all'opposto: per lui è un'abitudine vincente utilizzare la sera tardi (e la notte) per portare a termine le task che richiedono più concentrazione.

Per questo, la mattina non si sveglia all'alba come me. Infatti, quando siamo in giro insieme per corsi di formazione, la mattina mi ammazzerebbe perché mi sente mentre faccio le flessioni alle 6. Ti dico alcune delle abitudini che sono davvero vincenti: attenzione, sono quelle che funzionano per me, il mio suggerimento è sempre di testare, per capire se portano risultati anche a te.

- Non guardare il telefono appena sveglio
- Fare meditazione e sport la mattina prima di iniziare la giornata
- Leggere almeno 10 pagine di un libro tutti i giorni (a fine anno sono 20 libri, considerando una media di 180 pagine a libro)
- Dire subito di no a richieste e proposte che non ti interessano
- Svolgere subito un compito che richiede meno di 3 minuti per essere portato a termine
- Fare la *To Do List* del giorno dopo, come ultimissima cosa

prima di dormire (meglio su un taccuino che sullo smartphone)

- Organizzare il lavoro e lo studio in *Power Blocks*. In pratica, scegli un preciso compito da svolgere e un preciso obiettivo da raggiungere e datti un *Block* di un'ora. Durante quell'ora elimina tutte le fonti di distrazione, sia virtuali (telefono spento) sia fisiche (sulla scrivania lascia solo quello che serve)

Nono input: trova al più presto una o più guide. Sarò molto breve, perché ne abbiamo parlato alla fine dello scorso capitolo, ma ci tengo davvero a ribadirne l'importanza. Puoi iniziare a costruire le fondamenta del grattacielo da solo, senza l'architetto e il geometra che hanno progettato tutto e senza gli operai che ci mettono mano. **Ma ci metterai una vita e il risultato sarà discutibile**. Allo stesso modo, puoi costruire anche da solo il tuo mindset: ma se hai una guida che ti conduce, giochi a un altro sport, quattro categorie più in alto.

Decimo input: fai molta attenzione a come parli a te stesso e a come interpreti gli eventi che ti accadono. La tua percezione della realtà (interna ed esterna) conta di più della realtà. **E l'interpretazione della realtà, il significato le diamo, è più**

importante della realtà. Ti faccio un esempio pratico. Un imprenditore decide di aprire un nuovo mercato: vuole vendere scarpe in Africa.

Così, convoca i due migliori venditori e li manda all'avventura, per testare il mercato africano. I due partono e, 7 giorni dopo, il capo chiama il primo venditore. Gli risponde un uomo distrutto, dalla voce debole, che gli dice: "*Capo, non può funzionare. Qui nessuno porta le scarpe*". Triste e demotivato per la risposta, chiama il secondo venditore e… Gli risponde un pazzo scatenato che gli urla: "*Capo, prepara container di roba. Qui spacchiamo: nessuno ha le scarpe*". Pazzesco, vero? Stessa situazione, interpretazione totalmente diversa. In più, c'è anche un'altra cosa: la tua mente non distingue un evento reale da un evento che ti stai immaginando.

Cito la conversazione tra Harry e Silente, direttamente *Da Harry Potter e i Doni della Morte - parte 2*:

- "*Professore, è vero tutto questo? O sta accadendo dentro la mia testa?*"

- "*Certo che sta accadendo dentro la tua testa Harry. Dovrebbe voler dire che non è vero?*"

Non ci credi? Pensa all'ultima volta che hai avuto un incubo. Perché ti sei svegliato in preda al panico? Non era un evento reale. Era solo un sogno, non era realtà...
O, al contrario, l'ultima volta che hai fatto un sogno bellissimo. Perché ti sei svegliato tutto carico ed euforico? Era solo un sogno, non era realtà...
Pensa all'ultima volta che visto un film horror: perché ti sei spaventato? È un film, sai perfettamente che non è reale e non corri nessun pericolo. Pensa all'ultima volta che hai visto un film romantico e ti sei commosso. Pensa all'ultima volta che hai visto un film porno e... Ok, magari a sto giro evitiamo dai.

È tutta una questione di percezioni, quindi fai molta attenzione a come la tua mente vede il mondo esterno, altrimenti corri il rischio della profezia che si auto avvera. Una delle frasi più belle attribuite a Henry Ford è: "*Che tu creda di farcela o di non farcela, avrai comunque ragione*". Se ti dici "*Non ce la farò mai*", in quel momento hai volontariamente deciso che non ce la farai mai. Profezia che si auto avvera, come dicevo prima.

Penultimo input: puntare, fuoco, mirare. Sì, vado controcorrente rispetto al classico *puntare, mirare, fuoco*. Ti parlo della tendenza di aspettare che tutto sia perfetto per iniziare qualcosa di nuovo. Ti porto il mio esempio: per un anno ho tentennato nell'iniziare a fare video, perché credevo di non essere abbastanza bravo, non avevo fatto dei corsi sull'argomento, pensavo di non avere l'attrezzatura giusta. Continuavo a posticipare perché non era tutto perfetto. Sai qual è il problema? Se aspetti che tutto sia perfetto per iniziare qualunque, non inizierai mai. È come una persona che continua a schiarirsi la voce, ma non inizia mai a parlare. Aspetta che la voce sia perfettamente chiara, perfettamente limpida, perfettamente perfetta. **La ricerca ossessiva della perfezione è una spina del fianco**, perché ti blocca nel passare dall'intenzione all'azione.

Inoltre, non puoi sapere prima se avrai successo, non puoi sapere prima se quella che stai per imboccare è la strada giusta: la risposta la puoi trovare solamente facendo. Punta e fai fuoco: ad aggiustare la mira, poi, sei sempre in tempo. Se aspetti che arrivi il momento giusto, se aspetti che sia tutto perfetto per iniziare, non inizierai mai.

Last, but no least, il dodicesimo input: impegnati a ragionare da imprenditore, anche se fai il dipendente.
Non è mai sempre giusto o sempre sbagliato preferire fare l'imprenditore o il dipendente. **Ma oggi, anche se fai il dipendente, devi ragionare da imprenditore**. La modalità dal lavorare 8 ore al giorno solo per mantenere il culo sulla sedia, non ti porterà lontano. È esattamente ciò di cui parla lo zio Monty in *Lavorability*, il libro che ho citato anche nel secondo capitolo:

"*Un modo di pensare e agire come imprenditore, ossia come qualcuno che prova a realizzare delle attività o dei progetti coordinando persone e risorse per raggiungere il proprio scopo. Anche se la condizione lavorativa in cui ci si trova è quella del dipendente, resta importante avere questa mentalità perché, se una mattina l'azienda da cui si è assunti decide di ridurre il personale e, improvvisamente, a quarant'anni ci si ritrova senza lavoro, se non si è sviluppato questo approccio mentale... auguri!*"

Dal punto di vista pratico, devi sviluppare la proattività: è la seconda soft skill più importante, di cui abbiamo parlato nel quarto capitolo. Pensa in maniera costruttiva, guarda i problemi come dei potenziali mercati, cogli le opportunità, guarda il mondo con gli occhi di chi produce, non di chi consuma.

Ecco, quest'ultimo credo sia l'atteggiamento più efficace per acquisire una mentalità da imprenditore. Ti do l'applicazione pratica che utilizzo io: quando stai per comprare qualcosa, non pensare soltanto al motivo per cui stai acquistando. Pensa a cosa frullava nella testa dell'imprenditore che l'ha creata, quando ha deciso di crearla. Chiediti qual è precisamente il problema che risolve, il beneficio che dà, il desiderio che soddisfa.

Domandati quale sia il mercato di cui fa parte: esisteva già o lo ha creato proprio quel prodotto (come ha fatto Red Bull, per intenderci, che ha creato il mercato degli Energy Drinks)? Pensa al processo di marketing che ha messo in atto per venderlo: come entra nella testa del potenziale cliente e quale parte della sua mente occupa?

Questo significa pensare da imprenditore, my friend.

Ok, siamo quasi al termine del nostro viaggio. Manca pochissimo alla fine questo libro e… solo scriverlo è stata un'esperienza fighissima, mi sto divertendo da matti.
Prima di passare alla conclusione, voglio darti qualcosa che ti cambierà il modo di vedere le cose e di approcciare gli obiettivi: la formula scientifica del risultato. Eccola qui.

Risultato = (Competenze + Azione) x Mindset

La competenza è la somma di conoscenza ed esperienza. Il risultato dell'operazione è la somma di conoscenza, esperienza e azioni, moltiplicata per il mindset.
Il mindset è un moltiplicatore di risultati. Facciamo alcuni esempi di calcolo.

Competenza 10, azione 10, mindset 0 → Risultato = 0
Puoi essere competente al 100%, fare le giuste azioni al 100%, ma se fai tutto con zero mindset, ottieni zero risultato.

Competenza 1, azione 1, mindset 10 → Risultato = 20
Dall'altra parte, se hai il un decimo delle competenze e fai un

decimo delle azioni, ma hai un mindset da 10, il tuo risultato sarà 20 anziché zero. Interessante, vero?

Competenza 0, azione 0, mindset 10 → Risultato = 0
Fai molta attenzione però: se hai un mindset da 10, ma non hai competenze e continui a chiacchierare senza fare azioni... il tuo risultato sarà zero.

Competenza 6, azione 7, mindset 8 → Risultato = 104
Ultimo esempio: hai una competenza appena sufficiente, fai una buona quantità di azione, con un mindset pari a 8 e... il tuo risultato sarà un bellissimo 104.

La mentalità, il mindset, il tuo atteggiamento mentale, è un dettaglio che fa una grande differenza.

Prima di concludere con un aneddoto e di darti appuntamento per la conclusione, voglio lanciarti un invito: la conclusione del libro, non saltarla. Te lo dico perché, in passato, mi capitava di arrivare alla fine dell'ultimo capitolo di un libro e dire: "*Questo è l'ultimo capitolo, non sto a leggere le conclusioni, il succo del libro ce l'ho già*".

Poi mi sono detto: "*Aspetta Samuele, ma se l'autore ha deciso di aggiungere delle conclusioni, ci sarà un motivo, non credi?*". Ecco, ora che sono io l'autore, mi sento di chiedere scusa a tutti i libri di cui non ho letto le ultime pagine. E, per questo motivo, ti invito a non sottovalutare l'epilogo di questo libro, leggilo tutto. Anche perché alla fine ti farò un regalo, come ti anticipavo.

Ecco il piccolo aneddoto che ti ho promesso, noi ci vediamo tra pochissimo, per la conclusione.

Era un esame della magistrale, non ricordo né il titolo né il docente. Ma ricordo con estrema precisione che era uno di quei professori particolarmente temuti, puntigliosi, fastidiosamente pignoli, che ti bocciano per ragioni assurde. Hai presente questo tipo di professore, vero?

Era un esame orale e, prima di me, ne aveva già bocciati parecchi. Durante le lezioni, il professore aveva più volte ribadito il suggerimento di presentarsi all'esame con un piccolo approfondimento personale su uno degli argomenti discussi in aula. Io ovviamente, complici i numerosi impegni (tornei di Fifa, serate universitarie e partite di calcetto improrogabili) mi sono presentato a mani vuote.

Quindi, partivo già male. In più, non avevo sicuramente studiato in modo impeccabile. Diciamo così: tutte le cose che dovresti fare per partire bene a un esame, io non le avevo fatte. Ma mi sono presentato cazzuto, grintoso, sicuro di me. Dopo aver salutato il professore con una potente stretta di mano, ho sorriso e mi sono seduto. Durante l'interrogatorio (ops, l'esame) mi sono venduto bene e ho mantenuto un atteggiamento vulcanico, anche se non ero preparatissimo sui contenuti. Indovina quanto ho preso? Già, 27.

Lavora sul tuo mindset, migliora il tuo atteggiamento. È davvero un piccolo particolare che fa tutta la differenza del mondo.

A scuola.
Nel lavoro.
Nella vita.

RIEPILOGO DEL CAPITOLO 6:

- SEGRETO n. 1: Costruire un grande futuro è come costruire un grattacielo. Il tuo mindset rappresenta le fondamenta.
- SEGRETO n. 2: Il tuo mindset crea i tuoi risultati, che a loro volta generano autostima. Il tuo livello di autostima dipende strettamente dal tuo modo di pensare.
- SEGRETO n. 3: Quando muovi i primi passi, non focalizzarti sul guadagnare soldi. Concentrati sul guadagnare competenze e rimani consapevole che non esiste un'unica strada giusta e predefinita.
- SEGRETO n. 4: Trova al più presto una guida e impegnati a ragionare da imprenditore, anche se fai il dipendente.
- SEGRETO n. 5: Il mindset è un dettaglio che fa una grande differenza. È il moltiplicatore dei tuoi risultati: lavoraci sopra per migliorarlo costantemente.

Conclusione

Costruire il più grande movimento di laureati che ragionano e agiscono da imprenditori. Per crescere e divertirci insieme, organizzare reunion in tutta Italia, unire le nostre skills per avviare nuovi progetti, aprire nuove attività, lanciare nuove startup. Questa è la mission.

Ho voluto scrivere questo libro per avere un impatto positivo su di te e dirti che è possibile diventare autonomo nel mondo del lavoro e realizzare la vita dei tuoi sogni. Se ti stai chiedendo come poter rimanere in contatto con me, tra poco ti darò tutte le indicazioni. Ho anche pensato a un regalo per te, credo che ti farà piacere.

Prima però ti dico una cosa, fai molta attenzione: questo non è solo un libro. Ciò che stai leggendo è la lettera da Hogwarts che hai sempre sognato di ricevere. È il biglietto per il binario 9 e 3/4, per raggiungere il mondo dei maghi. Ora hai due scelte, e non posso scegliere io per te. Puoi:

- Chiudere questo libro e tornare alla quotidianità, facendo finta che non sia successo nulla e continuando a vivere nel mondo babbano
- Entrare nel mondo dei maghi e scoprire l'ecosistema di crescita che ti farà entrare in contatto con centinaia (presto migliaia) di persone sulla tua stessa lunghezza d'onda

Per me, questo libro è solamente il primo mattoncino di qualcosa di più grande. Qualcosa di talmente grande che non posso pensare di realizzarla da solo. Sarei un folle. È questo il motivo per cui sto per chiederti sopporto: se hai deciso di arrivare fino in fondo nella lettura questo libro, è perché sei sicuramente una persona sopra la media.

Sono sicuro che le persone nella media si fermano al secondo capitolo, quando dico che la formazione vera inizia dopo la laurea. Quando scoprono che c'è da rimboccarsi le maniche e mettersi in gioco. E che nessuno ti deve nulla.
Tu, invece, sei consapevole che nessuno ti regala niente, che c'è da impegnarsi. E non ti stai tirando indietro di fronte a questa sfida. Anzi, probabilmente fai parte di quella cerchia ristretta di

guerrieri che, davanti alle sfide, ci prende gusto e vuole mettersi alla prova. Anziché farsi mille paranoie e farsi bloccare dalla paura di non farcela. Sei un Dominic Toretto o un Brian O'Conner (o magari un Roman Pearce, il mio personaggio preferito della saga) che non vede l'ora di aprire la bombola del Nos per sfrecciare al doppio degli altri.

Per le persone come te, c'è un mondo magico pronto ad accoglierti. Un mondo magico che tu hai la possibilità di creare insieme a noi. Un mondo magico che sta crescendo. Se darai il tuo supporto adesso, quando saremo migliaia di persone ti guarderai indietro e proverai un senso di soddisfazione pazzesco nel pensare: "*Io c'ero. Anche io ho contribuito alla crescita di questo ecosistema. Faccio parte di qualcosa di grande, di un grattacielo di cui ho costruito anche io le fondamenta*".

Negli ultimi anni, io stesso ho contributo alla costruzione e alla crescita di diversi ecosistemi, diversi movimenti, diverse Community e la sensazione di esserne parte integrante è incredibile. Una sola parola: brividi.

Per prima cosa, se questo libro ti è piaciuto e ti ha dato anche solo uno spunto di valore per crescere e migliorare, lascia una recensione positiva su Amazon. Non mi piace essere auto referenziale: per me avere delle persone che lasciano un commento positivo sul contributo che ho dato è veramente importante. Conto su di te, e inizio già a dirti grazie.

Il secondo invito è a entrare gratuitamente nella *Community dei Laureati Survivors*, diventando parte attiva e interagendo con gli altri, partecipando alle dirette esclusive e, se lo vorrai, venendo a divertirti alle reunion che organizzeremo in giro per l'Italia. È la tua occasione per essere parte integrante della realizzazione di questa mission, addirittura uno dei primi. Per diventare un vero Survivor, entrando nella Community, segui questo link:

https://laureatosurvivor.it/community-libro/

Ma c'è dell'altro. Oltre all'accesso alla Community, ho pensato a un regalo per te, se fai parte delle prime persone che mi hanno dato fiducia leggendo questo mio primo libro. È un regalo che sarà disponibile per tutto il 2020. La fiducia è un gesto di amicizia e ci tengo a ricambiare. Voglio regalarti l'occasione di *e-conoscermi* di persona. Avendo diverse attività che svolgo, ti assicuro che ho sempre un'agenda piuttosto ricca. "*Sam, sei più impegnato del Papa*", mi sento dire qualche volta. Questa cosa potrebbe sfuggirmi di mano, sono consapevole della quantità di richieste che potrei ricevere. Ma non è mai questione di tempo. È sempre questione di priorità, di quanto è importante per te. Per me, ricambiare la fiducia che mi hai dato leggendo questo libro, è una priorità ed è importante. Per questo motivo, se ti fa piacere e se lo vorrai, c'è una videochiamata di mezz'ora con me che ti aspetta. Sarà una mini-sessione di coaching, per te totalmente gratuita.

Trenta minuti in cui potrai farmi tutte le domande che vorrai, sia per approfondire quanto letto in questo libro, sia per parlare di qualunque altra cosa su cui ti piacerebbe avere un mio punto di vista. Sceglieremo insieme il giorno e l'ora, in base alle disponibilità di entrambi. Segui questo link per metterti in contatto diretto con me:

https://bit.ly/ilregaloperte

Ci tengo davvero a mantenere le promesse, per cui ti dico, con piena sicurezza: continua a seguirmi e la tua vita si trasformerà per sempre. La cosa bella è che adesso tu puoi prendere i frutti dei miei ultimi anni di esperienza. Non a caso, è proprio il mindset che mi sono creato che mi ha portato ai risultati che ho raggiunto, permettendomi di vivere senza catene, senza vincoli, senza orari, divertendomi il lunedì mattina, come il venerdì notte. Te lo dico con cuore in mano: quando, nel 2015, ho iniziato il mio percorso, avrei pagato migliaia di euro per conoscere alcuni degli aspetti che hai appena letto in questo libro.

Ho creato l'ecosistema che avrei voluto avere io stesso durante l'università: capire certe cose in anticipo ti dà un vantaggio competitivo incredibile. Ti rende un mago in un mondo di Babbani.
E sai qual è la soddisfazione più grande: i messaggi di ringraziamento che ricevo costantemente. Non hai idea di che razza di fonte di energia siano.

Se è bello e soddisfacente sentirsi costantemente in crescita ed essere in grado di costruirsi una prospettiva di abbondanza, senza problemi di soldi, circondato da persone che ti arricchiscono… Beh, aiutare chi è ambizioso come me a realizzare la stessa cosa, lo è ancora di più.

Ho pensato a lungo a come concludere questo libro. Anche se, nel mio cuore, credo che per te sarà un inizio più che una fine.

Ho pensato e ripensato più volte al modo perfetto per chiudere questo libro. Alla fine, non ho trovato il modo perfetto, ma un modo originale.

Sarà Christopher Lloyd, alias *Doc*, a salutarti, con la frase finale dell'epica trilogia di *Ritorno al Futuro*:

"*Il vostro futuro non è ancora stato scritto, quello di nessuno. Il vostro futuro è come ve lo creerete, perciò createvelo buono*"

In questa bellissima avventura, se desideri avere una guida, io sono pronto, ci sono.

E tu, ci sei?

"Ho conosciuto Samuele circa un anno fa su LinkedIn: ho notato subito che era una persona molto preparata in materia di avvio e gestione business, vendite, strategia, una persona energica, appassionata nel suo lavoro, un abile comunicatore capace di ascolto e con cui è un piacere confrontarsi.

Mi sono subito sentito anch'io un Laureato Survivor. *La Community dei Laureati Survivors* è uno spazio che accomuna chi vuole crescere, chi ha fame ed è aperto al confronto costruttivo, è lo spazio per chi non dorme la notte per realizzare un progetto, un sogno, e per chi decide di rimboccarsi le maniche con dedizione e metodo, magari fallendo, ma seguendo comunque una propria vision. È il ritrovo di chi non si accontenta di avere uno stipendio garantito a fine mese ma punta piuttosto alla realizzazione personale tramite un lavoro che sente suo. Soprattutto per coloro che desiderano avviare un progetto personale o realizzarsi come liberi professionisti. Ed è lo spazio anche dove sparare qualche cavolata e divertirsi con chi senti allineato a te"

Giorgio Luigi Galvani

"Determinato, ambizioso, brillante, sveglio, dinamico e sempre pieno di idee, queste sono solo alcune delle caratteristiche di Samuele, un giovane trovato quasi per caso sui social a poche settimane dalla mia laurea. Grazie a *Laureato Survivor* ho imparato che si può sopravvivere dopo la laurea e che il mondo sta solo aspettando giovani attivi che abbiano voglia di mettersi in gioco e imparare: non è tutto una giungla. È un grande esempio da cui lasciarsi influenzare, un imprenditore capace di unire serietà e simpatia grazie alla sua grande abilità nel comunicare divertendosi, ma soprattutto divertendo. Tutto questo concentrato di entusiasmo è anche in un gruppo Facebook: *La Community dei Laureati Survivors*, dove il continuo scambio di idee, opinioni e spunti di riflessione sul mondo dell'imprenditoria e sul mindset la fanno da padrona"

Serena Villa

“Ho conosciuto Samuele qualche mese fa, tramite un post su Facebook sulla sua pagina *Laureato Survivor*. Sono una persona che apprezza particolarmente le persone simili a me, proattive e intraprendenti, così non ho potuto fare meno di contattarlo in privato per complimentarmi con il lavoro che stava svolgendo. Da lì in poi, il rapporto è stato un continuo crescendo: scambio di idee, opinioni e pianificazione di vari progetti da percorrere insieme che sono la base di un percorso che non ha una meta precisa, ma che ha già costruito un rapporto molto molto positivo tra noi.

Così, sono entrato nella *Community dei Laureati Survivors*. Essa ha una mission ben precisa: accendere il fuoco dentro, assopito dalla società, dei ragazzi che ne fanno parte e creare un mindset condiviso, puntato ad avere una prospettiva a 360 gradi. Inoltre, siamo un gruppo di “pazzi scatenati”, che tra un aperitivo digitale e un *Mastermind* in diretta su argomenti di business, si divertono e consolidano rapporti a distanza che in futuro potranno diventare amicizie vere e proprie. Consigliata? Fate un po’ voi”

Emanuele Mei

"Da quando ho iniziato a usare Instagram in modo più consapevole e funzionale, ho iniziato di conseguenza a interagire con più persone che avevano la mia stessa determinazione nel perseguire gli obiettivi e lo stesso mindset. Samuele è una di quelle persone. Ci siamo conosciuti per caso, ormai tanti mesi fa, e ho capito fin da subito che aveva quel qualcosa in più che nessuna università può darti: la sua energia, un qualcosa che non si può apprendere, simulare o comprare. La sua energia è avvolgente e la si può notare in ogni sua parola. La cosa che più traspare in lui è il suo essere buono... E, sia chiaro, se la bontà è un valore che non ti appartiene e pensi soltanto alla finalità di ciò che fai, presto o tardi la gente se ne accorge e non ottieni grandi risultati.

Ero un po' scettica riguardo l'uso e il far parte di una Community su Facebook, non pensavo potesse funzionare. Ma, anche lì, Samuele mi ha fatto ricredere. Non è solo una community che tratta determinate tematiche. È un punto di ritrovo, fatto di persone ambiziose e curiose. Sento familiarità e trasparenza nella *Community dei Laureati Survivors*, cose che non si trovano così

spesso in un social.
Ciò che mi ha lasciato e ciò che continua a lasciarmi la Community è l'idea che anche la voce di una sola persona è importante. Sono più che convinta che Samuele farà grandi cose... e molte le sta già facendo"
Silvia Pino

"Ho conosciuto Laureato Survivor quasi per caso, a febbraio 2020: c'era il suo tag in una storia Instagram di un amico. Ricordo anche il momento perché era caratteristico: era la pausa spuntino durante i lavori di imbiancatura dell'appartamento in cui mi ero appena trasferito. Mi ha attirato prima di tutto il nome

perché sembrava voler comunicare qualcosa. Ma non capivo cosa, sentivo di aver bisogno di approfondire. Così aprii il profilo e arrivai alla Community, con la storia di Samuele che inspiegabilmente descriveva esattamente quelli che furono i miei anni d'università, pieni di continue ricerche di certezze lungo il percorso. Come dissi nel post in cui mi presentai, se oggi sono quello che sono è solo grazie a me e ai mille errori che ho dovuto commettere per imparare. Per questo ho scelto di partecipare attivamente alla Community: mi sento in dovere di aiutare, se possibile, i ragazzi che ricordano me a vent'anni. Ma *La Community dei Laureati Survivors* è anche scambiare ogni giorno articoli, video, contenuti su svariati argomenti che ci aiutano a migliorare innanzitutto noi stessi. Poi con Samuele ci si diverte durante le dirette del *Monday Night Live*, è una persona unica e intraprendente. È veramente un piacere contribuire attivamente all'espansione di Laureato Survivor"

Matteo Tarantino

"L'uomo del sorriso, ecco chi è Samuele Maspero per me. Fin da subito mi sono letteralmente innamorata della sua *Community dei Laureati Survivors*, uno spazio interattivo, coinvolgente, ma

soprattutto dinamico nel quale potersi confrontare circa tematiche di imprenditoria, marketing eccetera.

Pur non essendo per nulla preparata in tali settori, ho colto comunque l'opportunità di

partecipare attivamente, riscoprendo così capacità che nemmeno io credevo di possedere.
Le sue abilità di leadership e di amministratore sono il filo rosso.
La sua determinazione, empatia e voglia di fare, vengono arse dal fuoco della conoscenza e dalla voglia di mettersi in gioco, dalle quali inevitabilmente, come un vortice impetuoso, vieni travolto.
È pura forza energetica, moderata dal sorriso sempre rassicurante, che spinge inconsapevolmente qualsiasi interlocutore ad allinearsi alle sue parole.
Samuele rappresenta per me la massima espressione di chi vorrei essere "da grande", e auguro a tutti coloro che non hanno ancora visitato la Community di poterlo fare al più presto"
Beatrice Berardi

Ringraziamenti

Il primo ringraziamento va sicuramente ai miei genitori Elena e Daniele, per avermi sempre supportato e incoraggiato, nonostante (specialmente all'inizio) non avessero chiara la profonda motivazione delle mie scelte, all'apparenza discutibili e poco di buon senso.
A mio fratello Matteo, che riceverà la prima copia di questo libro. Sei una persona di sensibilità e lealtà uniche e otterrai tantissimo nella vita.

Agli amici, quelli veri, che mi hanno sempre trasmesso risate, affetto ed entusiasmo. Mi avete aiutato a distinguere l'amicizia pura dalle tante "amicizie" passeggere e occasionali.

Quando ti ho chiesto di scrivere la prefazione, mi hai risposto con un entusiasmo contagioso. Questo ringraziamento è per te, Henry. In questo libro ho parlato del tema di avere una guida: per me sei stato, e rimani, una guida formidabile, fonte di ispirazione costante, sempre disponibile a dare un suggerimento prezioso. Guida, amico, esempio: grazie.

Ad Antonello che, un paio di mesi dopo il lancio della *Community dei Laureati Survivors,* mi ha scritto in chat su LinkedIn, riservandomi delle parole che preferisco non riportare. Sì, sei stato il mio primo hater e ti ricorderò per sempre con affetto. Si dice che, quando qualcuno esce dagli schemi e ha l'ambizione di realizzare qualcosa di grande, c'è sempre qualche genio pronto a mettergli i bastoni tra le ruote. Sono profondamente convinto che sia vero: mi hai dato la conferma che avevo scelto la strada giusta, dunque… Grazie.

Ai compagni dei progetti e delle attività lavorative, con cui ho condiviso tutte le avventure degli ultimi 4 (ormai quasi 5) anni della mia vita. Se fai parte di questa meravigliosa famiglia, ti riconoscerai al volo in questa dedica. Mixare business e svago in questo modo è il sogno di ogni bambino: grazie per aver permesso che questo sogno non finisse sepolto nel cassetto.

Ai compagni di spogliatoio: dai primi tempi del calcio a 7, alla Longobarda, per finire con la Stella Azzurra. Senza dimenticarci di tutti i tornei estivi, soprattutto col mitico Atletico Giussano. Insieme a voi ho imparato il valore della squadra e l'importanza di dare tutto me stesso per il bene del gruppo. Ho sempre riportato queste logiche nel mondo del lavoro: i risultati? Una conseguenza.

Ai compagni di scuola e di università: con voi ho vissuto dei momenti indimenticabili, che mi fanno ancora emozionare quando ci ripenso. Sia in aula che fuori. Risate sincere che porterò sempre con me.

A quel docente universitario che, quella volta, si lamentò del carico di lavoro, dicendo: "*Scusate, ma questo semestre ho 16 ore di lezione alla settimana*". Grazie, perché mi hai fatto capire molto presto il tipo di professionista che non desideravo diventare.

Ai prof del liceo, che mi hanno gentilmente concesso (si fa per dire) tante ore trascorse per i corridoi della scuola, anziché dritto e composto nel banco. Quei momenti mi hanno fatto fare dei viaggi clamorosi e, non da ultimo, mi hanno permesso di lavorare sulle skills relazionali e sociali, soprattutto coi mitici baristi.

Al dottor Emmett L. Brown, per avermi insegnato a pensare quadrimensionalmente e a J. K. Rowling, per avermi insegnato che, se lo desideriamo, possiamo risvegliare il mago che è in noi. Per questo parlo della *Community dei Laureati Survivors* come la reunion di chi ha fatto lo switch da Babbano a mago.

Al giorno in cui Davide mi ha contattato per raccontare la storia di *Laureato Survivor* sul giornale. È stata un'emozione che mi ha riempito di gioia: per me (e per tutti i Survivors, credo) ha voluto dire moltissimo. Grazie davvero a Davide per l'idea e a Federica per l'articolo.

Infine, questo libro non avrebbe mai preso questa forma (bella o meno bella che sia, questo non sta a me giudicarlo) senza il contributo dei primissimi che sono entrati a far parte della *Community dei Laureati Survivors.* Se sei uno dei primi Survivors, sicuramente ti riconoscerai e saprai che mi riferisco proprio a te. Grazie davvero.

E soprattutto grazie a te, per essere arrivato fino all'ultima parola, dell'ultima riga, dell'ultima parte di questo mio primo libro.

www.ingramcontent.com/pod-product-compliance
Lightning Source LLC
LaVergne TN
LVHW010552160826
845677LV00013B/3100
9788861748774